DÉCRET IMPÉRIAL

DU 18 DÉCEMBRE 1869

ET

ARRÊTÉ

DU

MINISTRE SECRÉTAIRE D'ÉTAT DES FINANCES

DU 16 DÉCEMBRE 1869

SUR

LES SERVICES INTÉRIEURS

DU MINISTÈRE DES FINANCES.

PARIS.

IMPRIMERIE IMPÉRIALE.

M DCCC LXIX

DÉCRET IMPÉRIAL

DU 18 DÉCEMBRE 1869

ET

ARRÊTÉ

DU MINISTRE SECRÉTAIRE D'ÉTAT DES FINANCES

DU 16 DÉCEMBRE 1869

SUR

LES SERVICES INTÉRIEURS

DU MINISTÈRE DES FINANCES.

A.

DÉCRET IMPÉRIAL

DU 18 DÉCEMBRE 1869

ET

ARRÊTÉ

DU

MINISTRE SECRÉTAIRE D'ÉTAT DES FINANCES

DU 16 DÉCEMBRE 1869

SUR

LES SERVICES INTÉRIEURS

DU MINISTÈRE DES FINANCES.

PARIS.

IMPRIMERIE IMPÉRIALE.

M DCCC LXIX.

TABLE DES MATIÈRES.

QUATRIÈME SECTION.

CINQUIÈME SECTION.

SIXIÈME SECTION.

ANNEXES.

RAPPORT A L'EMPEREUR.

Ce 17 décembre 1869.

Sire,

Divers arrêtés ministériels, remontant aux mois de juin et d'octobre 1832, ont déterminé les attributions des services intérieurs du ministère des finances, chargés de l'administration, de la gestion et du contrôle des deniers publics, savoir :

La Caisse centrale du Trésor,

Le Contrôle central,

La Dette inscrite,

L'Agence judiciaire,

Le Mouvement général des fonds,

La Comptabilité générale des finances.

Le travail de chaque division avait été l'objet d'un minutieux examen, et l'on ne peut s'empêcher de reconnaître l'esprit de prévoyance qui a présidé aux règles destinées à fortifier l'organisation des services et le contrôle de toutes les opérations. La plupart de ces règles ont subsisté jusqu'à ce jour, mais quelques-unes sont tombées en désuétude, et les services ont éprouvé, dans cet intervalle de trente-sept ans, des modifications dont il importait de tenir compte. Je citerai notamment la réunion du service de l'ancien Payeur central du Trésor à celui de la Caisse centrale.

D'un autre côté, Votre Majesté a rendu, le 31 mai 1862, un décret portant règlement général sur la comptabilité publique, revisant l'ordonnance du 31 mai 1838 sur la même matière, et ce nouveau décret forme aujourd'hui la base de notre législation financière.

Dans cette situation, il m'a paru nécessaire de soumettre à une révision les anciens règlements sur les services intérieurs du ministère des finances; j'ai chargé de ce soin, le 30 décembre 1868, une commission composée de tous les chefs des services intéressés du Ministère, d'un Conseiller d'État, d'un Président de chambre à la Cour des comptes et d'un Inspecteur général des finances, sous la présidence de M. le Marquis d'Audiffret, qui a bien voulu, dans cette circonstance, me prêter un concours que je suis heureux de constater.

Le travail de cette commission m'a été soumis, et j'ai pris, à la date du 16 de ce mois, un arrêté qui en approuve les résultats.

Je viens prier Votre Majesté de donner sa sanction à cet arrêté et de consacrer Elle-même ainsi les règles qui assureront la marche des services en les débarrassant des dispositions surannées qui ont paru devoir être écartées.

Je suis avec un profond respect,

Sire,

De Votre Majesté,

Le très-humble et très-obéissant serviteur
et fidèle sujet.

Le Ministre Secrétaire d'État des Finances,

P. MAGNE.

DÉCRET.

NAPOLÉON, par la grâce de Dieu et la volonté nationale, EMPEREUR DES FRANÇAIS,

À tous présents et à venir, SALUT.

Vu les lois, ordonnances et règlements sur le contrôle des deniers publics et l'organisation des services intérieurs du ministère des finances, notamment l'ordonnance du 22 mai 1825 (1), les arrêtés des 20 mai, 24 juin, 25 juillet, 9 octobre et 1er décembre 1832, la loi du 24 avril 1833, l'ordonnance du 25 juin 1835, et l'arrêté du 21 janvier 1841;

Vu le décret du 31 mai 1862, portant règlement général sur la comptabilité publique;

Considérant qu'il importe de coordonner l'organisation des divers services intérieurs du ministère des finances, de lui appliquer les modifications introduites dans ces services et de consacrer les améliorations et les simplifications dont ils sont susceptibles,

AVONS DÉCRÉTÉ et DÉCRÉTONS ce qui suit:

ARTICLE PREMIER.

Les dispositions des règlements arrêtés par notre Ministre Secrétaire d'État des finances, et annexés au présent décret

---

(1) *Bulletin des Lois*, IXe série, 2e partie, 1re section. Bulletin 369, n° 5833.

sur les services intérieurs de son département, sont et demeurent approuvés.

ART. 2.

Notre Ministre Secrétaire d'État des finances est chargé de l'exécution du présent décret.

Fait au palais des Tuileries, le 18 décembre 1869.

Signé NAPOLÉON.

Par l'Empereur :

Le Ministre Secrétaire d'État des Finances,

Signé P. MAGNE.

RÈGLEMENTS ORGANIQUES

DES

SERVICES INTÉRIEURS DU MINISTÈRE DES FINANCES.

RÈGLEMENTS ORGANIQUES

DES

SERVICES INTÉRIEURS DU MINISTÈRE DES FINANCES.

ARRÊTÉ.

AU NOM DE L'EMPEREUR,

Le Ministre Secrétaire d'État des Finances,

Arrête :

Les services intérieurs du ministère des finances sont organisés conformément aux dispositions ci-après :

PREMIÈRE SECTION.

DIRECTION GÉNÉRALE DE LA COMPTABILITÉ PUBLIQUE.

ARTICLE PREMIER.

Les attributions de la direction générale de la comptabilité publique forment trois catégories principales : comptabilité générale proprement dite; — direction du service de la perception des contributions directes et de celui des receveurs des communes et établissements publics; — préparation des projets de lois de finances.

1.

COMPTABILITÉ GÉNÉRALE.

ART. 2.

Direction des comptabilités des deniers publics et centralisation de leurs résultats.

Le directeur général de la comptabilité publique est chargé, sous les ordres du Ministre, de régler les formes de toutes les comptabilités de deniers publics, d'en réunir périodiquement les éléments et les pièces justificatives, d'en contrôler les résultats, et de les constater dans des écritures centrales qui servent de base au compte général des finances et aux situations à soumettre au Ministre, à présenter à l'Empereur, et à distribuer au Sénat et au Corps législatif.

ART. 3.

Réalisation des droits constatés et apurement des exercices.

Il veille à ce que les comptables constatent dans leurs écritures toutes les liquidations de droits qui établissent soit des recouvrements à faire pour le compte de l'État, soit des dépenses à acquitter au profit de ses créanciers; il suit la rentrée des impôts dans les délais prescrits; il prépare et propose toutes les mesures relatives au règlement législatif des budgets et à l'apurement des exercices.

ART. 4.

Surveillance de la gestion des comptables.

Il surveille (avec le concours de la direction du mouvement général des fonds, en ce qui concerne les trésoriers payeurs généraux) la gestion de tous les comptables du Trésor, réclame les vérifications qui lui paraissent nécessaires, et il est tenu de rendre compte au Ministre de toutes les irrégularités qu'il reconnaît. Il lui soumet, de concert avec les directions compétentes, les mesures de sûreté ou de répression qu'il juge conformes à l'intérêt du service.

ART. 5.

Il reçoit les comptes annuels de tous les comptables des finances, en reconnaît et certifie la conformité avec les écritures et les pièces successivement vérifiées, et les adresse à la Cour des comptes avec les titres justificatifs à l'appui, à l'exception des pièces de dépenses du caissier payeur central du Trésor, qui sont soumises à des mesures spéciales de contrôle. Il transmet également à la Cour des comptes : 1° les résumés généraux des comptes individuels par classe de comptables et par nature des services; 2° celui des opérations constatées par virements de comptes, ainsi que les états comparatifs qui mettent la Cour en mesure de constater la conformité des résultats de ses arrêts rendus sur les comptes individuels avec ceux des comptes généraux des finances, et de prononcer ses déclarations annuelles, en exécution de l'ordonnance royale du 9 juillet 1826.

Les expéditions des arrêts de la Cour des comptes lui sont renvoyées, et il veille à ce qu'il soit satisfait aux charges et injonctions qu'ils peuvent contenir.

Vérification et apurement des comptes annuels.

ART. 6.

Il fournit à la commission instituée par l'ordonnance du 10 décembre 1823 tous les documents qui lui sont nécessaires à l'effet de vérifier et d'arrêter, chaque année, les écritures de la comptabilité publique au 31 décembre, et d'en constater la concordance tant avec celles des comptables et des ordonnateurs qu'avec le compte général des finances.

Commissions d'examen des écritures et comptes des ministères.

ART. 7.

Il se fait remettre les copies de journaux, balances, bordereaux et états de développement, les pièces justificatives de

Éléments d'écritures, états

et renseignements
à fournir
par
les comptables.

recette et de dépense, et tous autres documents nécessaires soit pour le contrôle et la surveillance de la gestion des comptables, soit pour l'ordre des écritures et la formation des comptes généraux.

ART. 8.

Rapports
avec
les ministères
ordonnateurs
et
avec les directeurs
du ministère
des
finances.

Il reçoit des ministères ordonnateurs et des différentes divisions du ministère des finances les éléments de comptabilité et de contrôle qu'exigent les besoins de son travail.

Il est tenu de faire réciproquement aux divers ministères et à chacune des directions du ministère des finances toutes les communications de résultats, pièces ou états qui sont de nature à assurer la régularité de leurs opérations respectives.

ART. 9.

Questions
de responsabilité.

Il traite, selon ses attributions et en se concertant, s'il y a lieu, avec les autres directions administratives, les questions relatives à l'application des règlements sur la responsabilité imposée aux comptables, tant pour les actes de leur propre gestion que pour ceux de leurs subordonnés.

ART. 10.

Règlement
des commissions
allouées
sur les recettes
effectuées
pour le compte
du Trésor.

Il propose au Ministre, de concert avec le directeur du mouvement général des fonds, les conditions d'après lesquelles sont réglées les commissions allouées aux trésoriers payeurs généraux et aux receveurs des finances sur les recettes effectuées pour le compte du Trésor.

ART. 11.

Liquidation
des commissions
et remises
des receveurs
des finances.

Il fait vérifier les décomptes qui établissent les sommes à prélever par les trésoriers payeurs généraux et les receveurs des finances pour leur traitement fixe, leurs commissions et remises. Il transmet ces états de liquidation à la direction du mouvement général des fonds, qui en impute le montant au crédit du compte courant des trésoriers payeurs généraux.

ART. 12.

Il suit de concert avec les directions compétentes les dispositions concernant l'installation des comptables, les gestions intérimaires, le versement et le remboursement des cautionnements.

Installations; gestions intérimaires; cautionnements.

ART. 13.

Il établit la liquidation des débets de comptables, d'après les procès-verbaux de vérification, les renseignements que lui fournit la direction du mouvement général des fonds, les écritures administratives et les arrêts de la Cour des comptes, et il en transmet des situations certifiées au service du contentieux des finances.

Liquidation des débets de comptables.

DIRECTION DU SERVICE DE LA PERCEPTION DES CONTRIBUTIONS DIRECTES ET DE CELUI DES RECEVEURS DES COMMUNES ET ÉTABLISSEMENTS PUBLICS.

ART. 14.

Le directeur général de la comptabilité publique est spécialement chargé de suivre et d'assurer l'exécution des règlements et instructions sur la perception et sur les poursuites en matière de contributions directes, sauf les questions judiciaires ou administratives qui sont du ressort du service du contentieux des finances ou de l'administration des contributions directes.

Recouvrement et poursuites en matière de contributions directes.

ART. 15.

(Voir le n° 11, page 6.)
Liquidation des remises des percepteurs.

Il fait vérifier les décomptes qui établissent les sommes à prélever par les percepteurs pour leurs remises. Il transmet ces états de liquidation au secrétariat général, chargé d'en provoquer l'ordonnancement.

ART. 16.

Comptabilité des communes et établissements publics.

Il concourt à la surveillance de la gestion et de la comptabilité des receveurs des communes et des établissements de bienfaisance ; il veille à la remise exacte des budgets et des titres de perception ainsi qu'à la reddition et à l'apurement des comptes.

PRÉPARATION DES PROJETS DE LOIS DE FINANCES.

ART. 17.

Budget général de l'État.

Le directeur général de la comptabilité publique est chargé de la préparation du budget général de l'État.

A cet effet, il dresse le projet de budget des recettes, de concert avec les administrations compétentes, il y joint, après les avoir centralisés, les budgets de dépenses des divers départements ministériels et rédige le texte du projet de loi à soumettre, avec cet ensemble de documents, aux délibérations du Conseil d'État.

Suppléments de crédits ; répartition des crédits par chapitres.

Il est également chargé de la centralisation et de la formation des projets de loi collectifs portant allocation de suppléments de crédits, ainsi que de la centralisation des projets de répartition, par chapitres, des crédits ouverts aux ministres par lesdites lois.

ART. 18.

Il soumet au Ministre les avis qui lui sont demandés par le Conseil d'État sur tous les virements de crédits proposés par les départements ministériels.

Il contrôle les demandes de crédits sur fonds de concours versés au Trésor par des particuliers, des communes ou des départements, ainsi que les demandes de crédits des exercices clos en exécution de l'article 126 du décret du 31 mai 1862.

ART. 19.

Il prépare, au moyen des résultats consignés dans les écritures de la direction générale de la comptabilité publique, le projet de loi du règlement définitif du budget de chaque exercice, ainsi que le compte définitif des recettes qui doit être produit au soutien de cette loi.

ART. 20.

Il centralise et fait publier les éclaircissements fournis par les ministères en réponse aux observations du Rapport à l'Empereur et des déclarations générales de la Cour des comptes, sur les comptes de chaque exercice clos.

ART. 21.

Le directeur général de la comptabilité publique correspond avec les comptables, les chefs de service à Paris et dans les départements, les administrations et les particuliers, pour toutes les affaires qui sont dans ses attributions et qui dérivent des instructions générales arrêtées par le Ministre.

ART. 22.

Travail avec le Ministre.

Il met sous les yeux du Ministre les relevés et documents propres à lui faire connaître périodiquement la situation de chaque comptable, la marche des services de recette et de dépense, l'état des budgets et le bilan de l'Administration des finances.

ART. 23.

Personnel des bureaux.

Il propose la nomination des employés placés sous ses ordres et les mesures relatives au personnel de ses bureaux.

ART. 24.

Division du travail.

Le travail de la direction générale de la comptabilité publique est distribué ainsi qu'il suit :

1° Un bureau central des écritures, des budgets et des résultats généraux, confié à un sous-directeur ;

2° Quatre bureaux de contrôle des comptabilités élémentaires (Trésoriers payeurs généraux. — Enregistrement et postes. — Douanes et contributions indirectes. — Algérie et colonies) ;

3° Un bureau de la perception des contributions directes et de la comptabilité des receveurs des communes et établissements publics.

Ces bureaux ont les attributions suivantes :

1° BUREAU CENTRAL.

Réception et mouvement des dépêches et pièces.

Questions de comptabilité générale ou contentieuse.

Description sur un journal, sur un grand livre et sur des livres auxiliaires, par nature spéciale de services, des résultats constatés sur les bordereaux mensuels de recette et de dépense et de liquidations de droits, formés soit par les bureaux chargés des comptabilités élémentaires, soit par les directions administratives du ministère des finances, soit par les ministères ordonnateurs.

Établissement, d'après les balances de ces livres, des comptes de mois, de la situation générale des finances et de tous les résultats généraux qui doivent être mis périodiquement sous les yeux du Ministre.

Rédaction du compte général des finances, réunion des comptes spéciaux qui y sont rattachés, des comptes de dépense des différents ministères et de tous les documents nécessaires pour le règlement législatif des budgets; préparation des divers éléments du travail de la commission nommée annuellement pour l'examen des comptes des ministères, en exécution de l'ordonnance du 10 décembre 1823.

Contrôles généraux concernant les mouvements de fonds, les opérations en compte courant, les débets et autres résultats constatés contradictoirement dans les diverses comptabilités.

Formation du résumé général des virements de comptes, dans la forme prescrite par l'arrêté ministériel du 21 juillet 1826, et travaux relatifs au contrôle attribué à la Cour des comptes par l'ordonnance royale du 9 du même mois.

Établissement du projet de budget des recettes, de concert avec les administrations compétentes; centralisation des budgets de dépenses, formés par les divers départements ministériels, et rédaction du projet de loi à soumettre, avec cet ensemble de documents, aux délibérations du Conseil d'État.

Centralisation et formation des projets de loi collectifs

portant allocation de suppléments de crédits et des projets de répartition, par chapitres, des crédits ouverts aux ministres par lesdites lois.

Préparation de la loi de règlement définitif du budget de chaque exercice, ainsi que du compte définitif des recettes produit à l'appui de cette loi.

Centralisation et publication des éclaircissements fournis par les ministères, en réponse aux observations du Rapport à l'Empereur et des déclarations générales de la Cour des comptes, sur les comptes de chaque exercice clos.

Examen des questions relatives à la responsabilité encourue par les comptables; remboursement des sommes indûment versées au Trésor.

Examen des suppléments ou virements de crédits en conformité des décrets des 10 novembre 1856 et 1er décembre 1861 et du sénatus-consulte du 31 décembre 1861. Contrôle des demandes de crédits à ouvrir sur fonds de concours versés par divers.

Formation du recueil des lois de finances.

Affaires générales et travaux réservés par le directeur général.

2° BUREAUX DE CONTRÔLE DES COMPTABILITÉS ÉLÉMENTAIRES.

Vérification des éléments d'écritures adressés par les différents comptables des finances; contrôle des recettes au moyen des talons de recépissés, des relevés de rôles, des états de produits et autres documents certifiés par les agents administratifs chargés de constater les droits et perceptions; contrôle des payements par les acquits et les pièces justificatives de dépenses; contrôle des mouvements de fonds et des opérations en compte courant par les déclarations contradictoires des comptables et des correspondants.

Formation des bordereaux mensuels de recette et de dépense établis par classe de comptables, d'après leurs déclarations vérifiées sur pièces et servant de base aux écritures centrales de la comptabilité des finances.

Vérification et apurement des comptes annuels de tous les comptables des finances; établissement des résumés généraux de ces comptes, par classe de comptables et par nature de services, à transmettre à la Cour des comptes comme éléments du contrôle prescrit par l'ordonnance du 9 juillet 1826.

Préparation de la correspondance et des instructions générales ou particulières sur tous les détails de la comptabilité.

3° BUREAU DE LA PERCEPTION DES CONTRIBUTIONS DIRECTES ET DE LA COMPTABILITÉ DES RECEVEURS DES COMMUNES ET ÉTABLISSEMENTS PUBLICS.

Direction du service de la perception et des poursuites en matière de contributions directes; correspondance relative aux vérifications des inspecteurs des finances; établissement des situations périodiques des recouvrements; surveillance de la gestion et de la comptabilité des receveurs des communes, hospices, bureaux de bienfaisance, asiles d'aliénés, dépôts de mendicité, des caissiers de monts-de-piété, des caissiers des caisses d'épargne et des percepteurs receveurs d'associations syndicales; liquidation des débets sur ces divers services et examen des questions spéciales qui s'y rattachent; liquidation des remises des percepteurs et règlement des tarifs; fixation des indemnités à allouer aux gérants intérimaires et aux agents spéciaux. Liquidation des indemnités et secours aux porteurs de contraintes.

IIe SECTION.

MOUVEMENT GÉNÉRAL DES FONDS.

ARTICLE PREMIER.

Le directeur du mouvement général des fonds du Trésor public est chargé, sous les ordres du Ministre, d'appliquer les ressources aux besoins sur tous les points de l'Empire; de prescrire les mouvements de fonds qui doivent assurer le service; de donner les directions nécessaires aux excédants de recette; de pourvoir aux insuffisances de fonds; de proposer et de suivre, dans leur exécution, les négociations, escomptes et émissions d'effets publics et autres valeurs du Trésor; d'établir et de régler les comptes courants du Trésor avec les trésoriers payeurs généraux et autres correspondants; d'arrêter ces comptes aux époques prescrites par les instructions; de proposer les conditions du service de chaque année avec les comptables et correspondants du Trésor; de liquider toutes les dépenses inhérentes au service de trésorerie d'après les dispositions préalablement arrêtées par le Ministre.

ART. 2.

Le service de trésorerie en Algérie et aux armées est aussi dans les attributions du directeur du mouvement général des fonds, tant pour la réalisation des fonds que pour le personnel et le matériel.

ART. 3.

<table><tr><td>Distributions
mensuelles.</td><td></td></tr></table>

Le compte des crédits ouverts aux ministres par les lois de finances est tenu à la direction du mouvement des fonds, où se prépare le décret de distribution soumis chaque mois à la signature de l'Empereur, en conséquence des demandes et états transmis par les ministres.

Les ordonnances délivrées par les ministres sont remises à la direction du mouvement général des fonds, qui en fait écriture avec imputation par chapitre sur le montant des crédits ouverts par les lois et décrets. Le directeur vise ces ordonnances et les met en payement; il les transmet, à cet effet, en original au caissier payeur central du Trésor public à Paris, et par extraits aux trésoriers payeurs généraux dans les départements. Cette transmission s'effectue journellement dans le premier cas, et, dans le second cas, tous les dix jours, sauf un motif d'urgence.

Les pièces justificatives envoyées par les ministres ordonnateurs à l'appui des ordonnances payables dans les départements sont jointes aux extraits de ces ordonnances, que la direction du mouvement général des fonds adresse aux trésoriers payeurs généraux; elles sont ensuite renvoyées, mensuellement, par ces comptables à la direction générale de la comptabilité publique, qui les conserve jusqu'à l'époque fixée pour leur envoi à la Cour des comptes. Quant aux ordonnances elles-mêmes, elles sont, après la clôture de l'exercice, renvoyées par la direction du mouvement général des fonds à la direction générale de la comptabilité publique.

 Les ordonnances payables à Paris sont remises, par les soins de la direction du mouvement général des fonds, au caissier payeur central du Trésor public, qui les transmet à la Cour des comptes à l'appui de ses comptes de gestion; les pièces justificatives de ces ordonnances sont adressées directement à la caisse centrale par les ministres ordonnateurs.

des
ordonnances
ministérielles.

ART. 4.

Le directeur du mouvement général des fonds admet ou rejette les dispositions faites sur le Trésor, par les trésoriers généraux et autres correspondants, au débit de leur compte courant; il en autorise le payement au fur et à mesure des échéances. Les dépenses, envois, escomptes et délivrances de valeurs à effectuer par la caisse centrale sont également autorisés par lui.

Admission
ou rejet
des dispositions
faites
sur le Trésor
par
les trésoriers
généraux
et autres
correspondants.

ART. 5.

Toute émission de traites du caissier payeur central sur lui-même doit être autorisée par le directeur du mouvement général des fonds, qui en donne avis au contrôle de la caisse.

Émission
et payement
des traites
sur le Trésor.

Les traites tirées sur le Trésor pour le service des différents départements ministériels ne sont payées, par le caissier payeur central, qu'après avoir été acceptees par les administrations compétentes, et qu'avec l'autorisation du directeur du mouvement général des fonds.

ART. 6.

Le directeur du mouvement général des fonds fixe la quotité et les échéances des mandats à délivrer sur les départements et les arrondissements, en échange des fonds versés au Trésor. Il peut déléguer au caissier payeur central du Trésor public la signature des lettres d'avis à transmettre aux

Mandats
sur
les départements.

comptables chargés d'acquitter ces mandats, lesquels sont soumis préalablement au contrôle des caisses.

ART. 7.

Dispositions sur la Banque de France.

Les mandats du caissier payeur central du Trésor public sur la Banque de France ne sont valables qu'autant qu'ils ont été visés par le directeur du mouvement général des fonds, qui ne doit les signer qu'après s'être assuré de leur enregistrement au contrôle.

ART. 8.

Correspondance de service.

Le directeur du mouvement général des fonds correspond avec les trésoriers payeurs généraux, les receveurs particuliers, les administrations et les particuliers, pour toutes les affaires qui sont dans ses attributions et qui dérivent des instructions générales arrêtées par le Ministre. Il correspond, dans les mêmes conditions, avec la Banque de France, avec la direction générale de la Caisse des dépôts et consignations et de l'amortissement, avec les chambres syndicales des agents de change et les sociétés industrielles et financières. Il prépare les décrets de nomination des agents de change près des Bourses à parquet.

ART. 9.

Documents à exiger des comptables.

Il se fait remettre, par les trésoriers payeurs généraux, par le caissier payeur central du Trésor public et par tous les comptables dont le concours lui est nécessaire, les états de situation, documents et aperçus qui doivent le mettre à portée de faire les dispositions qu'exige l'exécution régulière du service.

ART. 10.

Il autorise les dispositions et virements des trésoriers payeurs généraux entre eux, dans les limites tracées par les instructions.

Dispositions et virements des trésoriers payeurs généraux entre eux.

ART. 11.

Il reçoit et fait exécuter les commissions pour ventes et achats de rentes qui lui sont transmises par les trésoriers payeurs généraux, pour le compte des habitants des départements, en exécution de l'article 21 de l'ordonnance du 14 avril 1819. Son intervention dans ces opérations se borne à la transmission, à la chambre syndicale des agents de change, des bordereaux adressés par les trésoriers payeurs généraux ; aux autorisations à donner pour les recettes et payements qui en résultent, et aux écritures à prescrire pour en débiter ou en créditer les comptables.

Achats et ventes de rentes demandés pour le compte des habitants des départements.

Il n'admet ces commissions que pour les rentes et effets publics dus par le Trésor, et pour les opérations au comptant.

ART. 12.

Le directeur du mouvement général des fonds suit le mouvement des fonds particuliers des trésoriers payeurs généraux et se fait remettre les documents qui lui permettent de placer la situation de chacun d'eux sous les yeux du Ministre.

Surveillance de la gestion des comptables.

Il concourt, avec la direction générale de la comptabilité publique, à la surveillance de la gestion des comptables: réclame les vérifications qui lui paraissent nécessaires. et il est tenu de rendre compte au Ministre des irrégularités qu'il reconnaît.

2.

Il fait procéder à la vérification du portefeuille du Trésor public conformément aux prescriptions des articles 2 et 3 du règlement du 21 janvier 1841.

ART. 13.

Examen
des remises faites
au Trésor.

Il fait examiner, lorsqu'il le juge convenable, mais sans déplacement, les remises effectuées à la caisse centrale du Trésor public par les trésoriers payeurs généraux, et adresse à ces comptables les observations dont elles sont susceptibles.

ART. 14.

Comptabilité
des opérations
de trésorerie.

La direction du mouvement général des fonds tient une comptabilité spéciale qui a pour objet de faire connaître les ressources et valeurs actives applicables au service de trésorerie, le passif de ce service, la situation individuelle des comptables et correspondants en relation avec le Trésor; la balance des comptes, les intérêts, frais et dépenses résultant des opérations de trésorerie.

ART. 15.

Écritures
et pièces
sur lesquelles
elles s'appuient.
—
Relations
avec le contrôle.
—
Rapports
avec la direction
générale
de
la comptabilité
publique.
—
Balance et relevés
à fournir

Les écritures de la direction du mouvement des fonds s'appuient sur les bordereaux de recette et de payements qui lui sont adressés, chaque dizaine, par les trésoriers payeurs généraux; sur la correspondance, sur les éléments de comptabilité fournis par la caisse centrale du Trésor public, sur les pièces qui justifient les faits de recette et de dépense, et enfin sur les renseignements contradictoires, qui doivent être puisés au contrôle des caisses et à la comptabilité publique. Le contrôle remet, en conséquence, à la direction, tous les documents qu'elle est dans la nécessité de lui demander. Les directions de la comptabilité et du mouvement général des fonds se doivent mutuellement toutes les communications de pièces et états qui sont de nature à assurer la régularité de leurs opérations respectives. La direction du mouvement général des fonds fournit les balances et relevés sommaires de ses écritures à la direction générale de la comptabilité publique.

à la direction générale de la comptabilité publique.

ART. 16.

Les extraits des comptes courants et d'intérêts du Trésor avec les trésoriers payeurs généraux, administrations et correspondants, sont arrêtés et signés par le chef des comptes courants et écritures, et visés par le directeur du mouvement général des fonds.

Extraits des comptes courants.

ART. 17.

Les dépenses liquidées par la direction du mouvement général des fonds, en conséquence des dispositions préalablement arrêtées par le Ministre, sont présentées à l'ordonnancement par le secrétariat général, d'après les bordereaux dûment établis par le directeur du mouvement général des fonds, lequel signe des extraits de ces ordonnances et transmet aux trésoriers payeurs généraux ceux qui doivent être joints à l'appui de leur compte.

Liquidation des dépenses de trésorerie et bordereaux servant à leur ordonnancement.

ART. 18.

La direction du mouvement général des fonds établit pour chaque exercice le compte général des dépenses faites pour intérêts de la dette flottante, frais de trésorerie et traitements et émoluments des trésoriers payeurs généraux et des receveurs des finances. Ce compte est soumis à l'examen et à

Compte général des frais de trésorerie et de la dette flottante.

Vérification dudit compte

par
une commission
spéciale.

la vérification d'une commission nommée par l'Empereur, conformément aux dispositions des ordonnances royales des 18 novembre 1817, 19 janvier 1820, 8 juin 1821 et 15 janvier 1823. Une ampliation du procès-verbal de la commission est transmise à la Cour des comptes.

ART. 19.

Travail
avec le Ministre.

Le directeur du mouvement général des fonds prend chaque jour les ordres du Ministre; il lui présente la situation journalière du Trésor et lui rend compte de la marche du service.

ART. 20.

Répartition
des travaux
de la direction.

Le travail de la direction du mouvement général des fonds, exécuté sous la surveillance du directeur et d'un sous-directeur qui peut le suppléer dans toutes ses attributions, est distribué entre trois bureaux :

Le premier est chargé de la correspondance générale du service, à Paris, de l'enregistrement et de la mise en payement des ordonnances, des distributions mensuelles, des aperçus généraux et journaliers des ressources et des besoins, de l'exécution des commissions pour ventes et achats de rentes;

Le deuxième, du service extérieur et de la correspondance y relative.

Le bureau de comptabilité réunit tous les éléments de la comptabilité de la direction et des comptes ouverts par le Trésor aux trésoriers payeurs généraux et aux autres correspondants; il établit les comptes, en forme la balance, liquide les dépenses et dresse les extraits de comptes courants et d'intérêts qui doivent être arrêtés par le directeur.

IIIe SECTION.

SERVICE DE LA DETTE INSCRITE.

ARTICLE PREMIER.

Le directeur de la dette inscrite est chargé, sous les ordres du Ministre des finances, de suivre et de diriger les travaux relatifs à l'inscription, sur le grand-livre du Trésor public, des rentes de toute nature, perpétuelles et viagères, dont les lois de finances ont autorisé la création.

Il est tenu de surveiller et de contrôler tous les actes des divers comptables ou agents chargés d'opérer ou de constater, soit à Paris, soit dans les départements, les mouvements de ces deux espèces de dette.

Il fait opérer, en vertu de décisions impériales ou ministérielles, les radiations provisoires ou définitives des inscriptions portées au grand-livre et les rétablissements qu'il y a lieu d'admettre.

ART. 2.

Il est chargé de veiller à l'insertion dans les immatricules des clauses qui peuvent modifier la nature de la propriété des rentes; il concourt, en ce qui le concerne, et dans les cas réservés par les lois et les règlements, à assurer l'effet des empêchements administratifs formés d'office ou sur la demande des parties, ainsi que des oppositions judiciaires ou extrajudiciaires notifiées par le conservateur des oppositions.

Les immobilisations provisoires et définitives, les remobilisations, divisions, réunions, rectifications, rétablissements, remplacements ou renouvellements de titres ; les conversions de rentes nominatives en rentes au porteur ou en rentes mixtes et réciproquement, ainsi que les conversions de rentes directes en rentes départementales *et vice versa*, sont effectués sous sa direction et sous sa surveillance.

ART. 3.

Pensions.

Le directeur de la dette inscrite est également chargé de suivre et de diriger le travail relatif à l'inscription sur les livres du Trésor public des pensions de toute nature imputables sur les fonds de l'État ; de surveiller et de contrôler l'action des agents chargés d'opérer ou de constater les divers mouvements de cette nature de dette.

Il prépare les liquidations qui concernent les agents des diverses divisions administratives du ministère des finances et opère la révision des liquidations préparées par les autres ministères.

Il présente au Ministre les décrets de concession relatifs aux pensions qui intéressent le ministère des finances et soumet à son contre-seing les décrets préparés par les autres ministères.

Il propose les suspensions, les radiations ou les rétablissements des pensions, et fait exécuter les prélèvements et retenues à exercer sur les pensionnaires en vertu de jugements ou de décisions spéciales.

Il veille à l'exécution des lois prohibitives du cumul et à celles des dispositions qui peuvent suspendre ou modifier la jouissance des pensions.

ART. 4.

Cautionnements.

Le directeur de la dette inscrite est chargé de faire inscrire tous les capitaux qui sont versés à titre de cautionnements en numéraire, soit à Paris, soit dans les départements, par les divers comptables, les fonctionnaires et les autres personnes qui y sont assujettis; de délivrer les certificats qui constatent leur inscription.

Il fait opérer, en vertu des décisions du Ministre, les applications de cautionnements déjà versés à la garantie d'une gestion nouvelle.

ART. 5.

Les bordereaux qui servent à la délivrance des ordonnances périodiques de payement, tant à Paris que dans les départements, des sommes dues pour arrérages de rentes et pensions, pour remboursements de capitaux ou pour intérêts de cautionnements, sont établis par les soins et sous la surveillance du directeur de la dette inscrite.

Il reçoit les demandes de changement de résidence, et délivre les quittances à viser dans les divers cas où le payement des arrérages doit être effectué sans la présentation du titre.

Il prépare les annulations d'ordonnance portant sur des arrérages de rente ou de pension et sur des intérêts de cautionnements.

ART. 6.

La direction de la dette inscrite tient les livres et écritures destinés à retracer les opérations de son service, et qui sont nécessaires pour la suite et le contrôle administratif de ses différentes parties.

Tous les trois mois, elle remet à la direction générale de

la comptabilité publique le résumé des mouvements survenus dans les divers comptes de la dette.

Elle établit, à la fin de chaque année, le compte détaillé de ses opérations, ainsi que les tableaux statistiques qui doivent être annexés au compte général de l'administration des finances.

ART. 7.

Le directeur de la dette inscrite arrête et signe tous les ans, le 31 décembre, les livres qui servent à constater les divers mouvements opérés dans les fonds qui composent ce service.

Ces livres sont soumis à l'examen et à la vérification de la commission instituée par l'ordonnance du 10 décembre 1823.

ART. 8.

Dispositions générales.

Le directeur correspond, au nom du Ministre, avec les administrations, les fonctionnaires publics, les comptables et les particuliers pour les affaires qui sont dans ses attributions ou qui dérivent des instructions générales arrêtées par le Ministre.

Il veille à l'exécution des règlements et à l'application des tarifs arrêtés par l'Administration pour le prix des actes qui intéressent les pensionnaires ou les rentiers viagers.

ART. 9.

Division du travail.

Le travail des divers services de la dette inscrite, exécuté sous la direction et la surveillance du directeur assisté d'un sous-directeur, se répartit entre cinq bureaux, savoir :

1° Le bureau des transferts et mutations;

2° Le bureau du grand-livre;

3° Le bureau des pensions;
4° Le bureau des cautionnements;
5° Le bureau central et de contrôle administratif.

Cette répartition s'effectue de la manière suivante :

Bureau des transferts et mutations.

Réception et vérification des déclarations de transfert sous-crites par les vendeurs;

Réception des certificats des agents de change et des notaires, et des différentes pièces produites à l'appui des transferts et des mutations;

Expédition des certificats de transfert et de mutation en vertu desquels les créanciers sont inscrits sur le grand-livre;

Délivrance des nouveaux titres aux parties;

Envoi au directeur du relevé sommaire des opérations faites dans la journée;

Présentation, à la Cour, du compte annuel des opérations de transfert et de mutation.

Bureau du grand-livre.

Inscription nominative sur le grand-livre des créanciers de l'État, rétablissements autorisés par le Ministre et radiations ordonnées par les lois et dispositions spéciales;

Expédition des extraits d'inscription pour les diverses natures de rentes;

Expédition des lettres de crédit aux trésoriers payeurs généraux pour la délivrance des inscriptions départementales;

Expédition des lettres de débit pour les annulations sur cette même nature d'inscriptions;

Formation des bordereaux servant à l'ordonnancement des arrérages des rentes et des décomptes pour la réduction ou l'annulation des ordonnances;

Tenue des registres nécessaires à l'établissement, à l'ordonnancement et au payement des rentes de toute nature;

Formation et remise au directeur de la dette inscrite du relevé journalier des inscriptions délivrées;

Présentation, à la Cour, du compte annuel des opérations relatives à l'accroissement ou à la diminution de la dette en rentes sur l'État, perpétuelles et viagères.

Les deux bureaux ci-dessus sont confiés à deux agents comptables, personnellement responsables vis-à-vis du Trésor, et assujettis au versement d'un cautionnement de 5o,ooo francs en numéraire.

Bureau des pensions.

Liquidation, révision et inscription des pensions de toute nature, sur les fonds de l'État, et des dotations viagères qui leur sont assimilées, suspension et radiation définitive de ces pensions et dotations;

Tenue des écritures relatives à ce service, préparation des bordereaux et décomptes d'arrérages.

Rédaction des rapports, des projets de décrets et de la correspondance;

Présentation, à la Cour, d'un compte faisant connaître la nature et l'origine des accroissements et des diminutions survenus dans les pensions et dotations pendant l'année.

Le chef de ce bureau, est un comptable d'ordre qui n'est pas assujetti au versement d'un cautionnement.

Bureau des cautionnements.

Inscription des cautionnements en numéraire;

Tenue des livres et écritures qui constatent les versements opérés, ainsi que les remboursements de capitaux et les payements d'intérêts effectués;

Préparation des bordereaux servant à l'ordonnancement de ces divers payements, ainsi que de la correspondance et des rapports au Ministre.

Bureau central et de contrôle administratif.

Centralisation des écritures qui constatent la situation des services confiés à la direction de la dette.

Examen des réclamations et des questions contentieuses se rattachant au service des rentes; correspondance, rapports, projets de décrets et de règlements relatifs à ce service;

Surveillance des livres auxiliaires confiés aux trésoriers payeurs; envoi des lettres de crédit et de débit à ces comptables; avis correspondants aux préfets;

Vérification préparatoire des comptes des transferts et mutations présentés par les trésoriers payeurs généraux et envoi de ces comptes à la Cour dans les délais fixés par les règlements;

Tenue du registre des oppositions, et des empêchements; notification aux agents comptables.

Tenue des comptes des emprunts spéciaux pour ponts et canaux et des annuités affectées au rachat des actions de jouissance;

Liquidation de ces dépenses;

Détails du personnel et du matériel de la direction.

Le double du grand-livre et les archives de la dette font partie des attributions de ce bureau.

Le directeur peut déléguer sa signature pour le visa de contrôle à mettre sur les pièces qui sortent de cette direction.

ART. 10.

L'ordre du travail et l'exécution des contrôles administratifs propres au service de la dette inscrite, sont réglés conformément aux dispositions ci-après.

SERVICE DES RENTES.

ART. 11.

Rentes
de
toutes natures.

L'inscription sur le grand-livre du Trésor public s'acquiert soit par l'achat d'une rente déjà inscrite, soit par la remise des titres et pièces constatant le droit à la propriété d'une rente sur l'État.

ART. 12.

Action
et responsabilité
de
l'agent comptable
des transferts
et
mutations.

Dans le cas d'achat d'une rente, l'inscription est remise à l'agent comptable des transferts et mutations, avec une déclaration indicative des noms et prénoms de celui ou de ceux à qui elle doit être transférée : cette déclaration est signée par le vendeur et certifiée par un agent de change, qui atteste l'identité de la personne et la vérité des pièces jointes à la déclaration et dont la responsabilité, à cet égard, demeure engagée pendant cinq ans. (Art. 16 de l'arrêté du 27 prairial an x.)

Sur la remise de cette pièce, l'agent comptable rédige et signe un certificat qui constate, d'une part, le compte à annuler, et, d'autre part, les nom, prénoms et qualité du nouveau propriétaire à inscrire sur le grand-livre.

A la fin de la séance réglementaire, les certificats des transferts consentis dans la journée sont transmis, avec les extraits d'inscription, au service du contrôle qui, après en avoir pris note pour ses vérifications ultérieures, y appose son timbre et les transmet à l'agent comptable du grand-livre.

L'agent comptable des transferts et mutations est personnellement responsable de l'exactitude des actes signés par lui et par ses délégués, spécialement autorisés par le Ministre à le suppléer.

ART. 13.

A la réception des certificats de transfert et des extraits d'inscriptions à l'appui, l'agent comptable du grand-livre en vérifie l'exactitude en se reportant à l'immatricule; après qu'il en a reconnu la conformité, il débite les anciens comptes, ouvre les nouveaux et fait expédier les extraits des nouvelles inscriptions. Ces titres, frappés du timbre de la dette inscrite, vérifiés et signés par l'agent comptable du grand-livre ou par ses délégués, sont envoyés le lendemain matin à six heures à l'agent comptable des transferts chargé de les délivrer aux parties.

Action et responsabilité de l'agent comptable du grand-livre.

ART. 14.

L'agent comptable du grand-livre engage sa responsabilité par les signatures qu'il donne lui-même, ou qui sont apposées par ses délégués au bas des extraits d'inscription. Il est également responsable des immatricules portées sur le grand-livre de la dette publique.

ART. 15.

Au moment où les extraits d'inscription délivrés la veille parviennent le matin à l'agent comptable des transferts et mutations, il compare ces extraits avec les déclarations restées entre ses mains, vérifie si les noms et prénoms, les sommes et les clauses qu'ils énoncent sont conformes à ces déclarations, et, quand il a reconnu cette conformité, il signe l'extrait d'inscription qui ne peut être remis aux parties qu'après avoir été vérifié et visé par le contrôle et revêtu du visa du délégué du directeur.

Par sa signature sur l'extrait d'inscription, l'agent comptable des transferts et mutations se rend responsable, conjointement avec l'agent comptable du grand-livre, de la régularité de l'extrait délivré.

ART. 16.

La direction de la dette inscrite contrôle, par des vérifications préalables, l'émission des extraits d'inscription et leur délivrance aux parties.

A cet effet :

Chaque soir, après l'exécution des transferts, l'agent comptable du grand-livre passe les écritures au journal et établit les balances pour s'assurer de l'accord entre les annulations et les émissions.

Indépendamment de cette vérification sommaire, les comptes débités sont soumis le lendemain matin, avant l'heure de la délivrance des titres, à une révision nouvelle, et s'il se découvre des inscriptions entachées d'une irrégularité quelconque, la remise en est suspendue jusqu'à régularisation.

ART. 17.

Après la révision des débits, l'agent comptable du grand-livre transmet au bureau du double du grand-livre les certificats de transferts; il y joint un bordereau indiquant par série, d'une part, le nombre et le montant des inscriptions annulées, et d'autre part le nombre et le montant des inscriptions émises.

Le sous-chef chargé de la conservation et de la tenue du double du grand-livre transcrit sur des cartons mobiles toutes les indications portées dans les certificats de transferts, de manière que chaque carton reproduise la cop e exacte des inscriptions dont les extraits sont délivrés aux parties. Ces copies, classées dans l'ordre alphabétique, forment un contrôle permanent des rentes immatriculées sur le grand-livre par ordre numérique d'inscription. Elles servent en outre de répertoire pour les recherches à faire sur la demande des parties ou dans l'intérêt du Trésor.

Le montant de toutes les copies expédiées est porté sur des relevés journaliers, par débit et par crédit, divisés en séries comme les bordereaux du grand-livre, avec lesquels ces résultats sont confrontés et balancés.

Les copies des inscriptions transférées, retirées du répertoire des inscriptions existantes, sont rangées proviscirement dans des casiers spéciaux; elles ne sont anéanties qu'après avoir été transcrites sur des registres conservés aux archives de la direction et qui forment le répertoire des *inscriptions annulées.*

ART. 18.

Toute inscription qui ne résulte pas d'un achat par voie de transfert ne peut provenir que d'une des causes ci-après, savoir :

1° Liquidation, conversion ou consolidation de créances d'une autre nature ;

2°. Versements sur un emprunt fait par l'État ;

3° Mutations réclamées, en conformité de la loi du 28 floréal an VII, par suite de décès, de donation, de cession, etc. ;

4° Réunions, divisions ou rectifications d'inscriptions existantes ;

5° Rétablissement sur le grand-livre de rentes dont le payement aurait été suspendu en exécution de lois, décrets ou décisions ;

6° Remplacement d'extraits d'inscription adirés ou hors de service ;

7° Conversion de rentes nominatives en rentes au porteur, en rentes mixtes ou en rentes départementales, et réciproquement.

ART. 19.

Dans le cas où la nouvelle émission est le résultat de mesures financières ayant prescrit la liquidation, la conversion ou la consolidation de certaines créances, les rentes sont inscrites sur le grand-livre aux conditions déterminées par la loi.

La loi ouvre le crédit sur lequel seront imputées les rentes à émettre ; l'agent comptable du grand-livre et celui des transferts et mutations, agissant concurremment, procèdent à la constatation du droit et à l'expédition des titres suivant les formes tracées par les décrets et les arrêtés d'exécution.

ART. 20.

La même marche est suivie pour l'inscription des rentes provenant d'un emprunt ouvert par l'État.

Emprunt.

ART. 21.

Dans le cas de demande d'inscription en vertu de certificats de propriété délivrés par les notaires, juges de paix ou greffiers de tribunaux, et autres pièces établissant le droit du requérant, l'agent comptable des transferts expédie le certificat de mutation en se conformant aux dispositions de la loi du 28 floréal an VII.

Inscription
par
suite de dépôt
de pièces
constatant
la propriété.
Divisions,
réunions,
rectifications, etc.

Il en est de même pour les réunions, divisions, rectifications, rétablissements, remplacements, changements de qualités, etc. réclamés par les parties.

Les pièces exigées pour ces mutations doivent être remises par les parties au bureau des mutations, ou être jointes à la déclaration du transfert, toutes les fois que l'acte de transfert comprend à la fois une vente et une mutation de propriété; elles peuvent encore être adressées par correspondance sous le couvert du Ministre.

Dans le cas de dépôt de pièces, il en est donné un reçu à la partie.

Après la vérification des pièces justificatives, et lorsque le droit du nouveau propriétaire a été reconnu, l'agent comptable expédie le certificat de mutation, et l'opération s'exécute de la même manière que dans le cas de transfert.

Les changements et rectifications à effectuer dans les immatricules des rentes ne peuvent être opérés qu'en vertu d'une décision du Ministre, provoquée par le directeur de la dette

3.

inscrite, et qui est produite à la Cour par l'agent comptable
à l'appui de son compte.

ART. 22.

Rétablissement.

Par application de la prescription résultant de l'article 2277
du Code Napoléon et de l'article 156 de la loi du 24 août
1793, les rentes dont les arrérages n'ont pas été touchés pendant cinq années consécutives sont rayées du grand-livre et
portées à un compte spécial intitulé : *Compte des portions non
réclamées.* Elles ne peuvent être rétablies qu'en vertu d'une
décision du Ministre, qui détermine l'époque à partir de laquelle les arrérages échus doivent être rappelés.

ART. 23.

Remplacement.

Dans le cas d'adirement d'un extrait d'inscription, un nouveau titre est délivré à la partie sur sa demande appuyée d'une
déclaration faite devant le maire conformément au décret du
3 messidor an XII; toutefois, le remplacement de l'inscription
n'a lieu qu'après la clôture du semestre ou du trimestre.

ART. 24.

Conversion
de rentes
nominatives
en
rentes au porteur
ou
en rentes mixtes
et
réciproquement.

La conversion d'une rente nominative en rente au porteur
s'opère sur une déclaration de transfert comme pour le cas de
vente; elle exige de même l'intervention d'un agent de change,
qui certifie, sous sa responsabilité, l'identité du propriétaire
et la vérité des pièces jointes à la déclaration.

En échange du certificat de transfert, le chef agent comptable du grand-livre, au lieu du titre même, comme pour
les rentes nominatives, envoie le lendemain matin à l'agent
des transferts un bulletin énonciatif des inscriptions de rente

à délivrer. Ces bulletins, après avoir été portés sur un relevé sommaire, sont remis par ce dernier agent aux parties pour leur servir à retirer les titres au porteur.

Le même jour, avant midi, les coupures de rentes au porteur expédiées par le bureau du grand-livre, signées par l'agent comptable, mais non timbrées, sont transmises au bureau des transferts. Dès leur réception, l'agent comptable les rapproche du relevé sommaire pour en vérifier et en reconnaître l'exactitude en présence du délégué du directeur. Elles sont communiquées ensuite au délégué du contrôle, qui s'assure de leur conformité avec ses notes de la veille. Après cette double vérification, les inscriptions sont enfermées dans une caisse à trois serrures dont les clefs sont confiées au délégué du directeur, à celui du contrôle et à l'agent comptable.

Le deuxième jour a lieu la délivrance des titres. Elle s'opère en présence et sous la surveillance des mêmes délégués, au fur et à mesure des demandes appuyées du bulletin de dépôt remis la veille. Les inscriptions sont retirées de la caisse, revêtues des dernières signatures et frappées du timbre de la dette inscrite tant sur le corps du titre que sur les coupons y annexés.

La conversion d'une rente au porteur en rente nominative s'opère sur la remise du titre appuyée d'une déclaration indiquant les nom, prénoms et qualités de la personne à inscrire.

Les titres sont, après vérification, frappés du timbre d'annulation.

Il en est remis au déposant un récépissé à talon visé au contrôle et sur la représentation duquel lui sont délivrées les nouvelles inscriptions.

Il est procédé de la même manière pour les réunions et renouvellements des rentes au porteur.

ART. 25.

Rentes mixtes.

La conversion d'une rente nominative en rente mixte s'effectue sur la remise de l'inscription appuyée d'une déclaration du titulaire certifiée par un agent de change ou par un notaire.

La délivrance, le renouvellement et la conversion des inscriptions de rentes mixtes s'opèrent suivant les formes et avec les précautions qui sont de règle pour les rentes au porteur.

Les coupons des rentes au porteur et ceux des rentes mixtes portent indépendamment du numéro d'ordre spécial un numéro d'échéance trimestrielle ou semestrielle dont la série se continue indéfiniment.

ART. 26.

Conversion
d'une
rente directe
en rente
départementale
et
réciproquement.

La conversion d'une rente directe en une rente départementale et, réciproquement, l'échange d'une rente de cette nature contre un pareil titre sur le grand-livre d'un autre département, ont lieu d'après les formes tracées par les instructions relatives à la loi et à l'ordonnance du 14 avril 1819.

ART. 27.

Rentes viagères.

Le rétablissement des rentes viagères d'ancienne origine et leur transfert s'opèrent de la même manière que ceux des rentes perpétuelles.

Les rectifications portant sur noms, prénoms et qualités

des têtes sur lesquelles elles reposent doivent être autorisées par un décret impérial.

ART. 28.

Les rentes viagères pour la vieillesse constituées en conformité de la loi du 18 juin 1850 et des lois ultérieures, sont inscrites au grand-livre sur des bordereaux de liquidation dressés par le directeur général de la Caisse des dépôts et consignations.

Ces liquidations s'opèrent après les échéances trimestrielles. Aux mêmes époques la Caisse des consignations fait transférer à la caisse d'amortissement par prélèvement sur le compte de la caisse des retraites de la vieillesse la quotité de rentes perpétuelles nécessaires pour produire, au cours moyen des achats effectués dans le cours du trimestre, un capital équivalent à celui des rentes viagères à inscrire.

Les diverses écritures auxquelles ces rentes peuvent donner lieu s'effectuent d'après les règles suivies pour les rentes viagères d'ancienne origine.

ART. 29.

Les annuités pour le rachat des actions des canaux d'Orléans et du Loing sont assimilées, pour les écritures, à des rentes dont la jouissance serait limitée.

Le transfert et la mutation s'en effectuent suivant les mêmes formes et sur les mêmes justifications.

ART. 30.

En exécution de l'ordonnance royale du 12 novembre 1826, le chef agent comptable des transferts et mutations et le chef agent comptable du grand-livre rendent un compte annuel des opérations qu'ils ont effectuées pendant l'année.

Les formes de ce compte sont tracées par l'ordonnance précitée ainsi que par l'arrêté d'exécution du 1ᵉʳ avril 1827.

Avant d'être envoyés à la Cour, ces deux comptes sont vérifiés d'après les écritures contradictoires tenues au bureau central et certifiés conformes par le directeur.

SERVICE DES PENSIONS.

ART. 31.

Les pensions imputables sur les fonds du Trésor et qui ont toutes été déterminées par les lois, sont :

1° Les pensions des grands fonctionnaires de l'Empire ;

2° Les pensions de la Pairie et de l'ancien Sénat ;

3° Les pensions civiles (loi du 22 août 1790) ;

4° Les pensions à titre de récompense nationale ;

5° Les pensions militaires ;

6° Les pensions ecclésiastiques ;

7° Les pensions de donataires dépossédés ;

8° Les pensions civiles (loi du 9 juin 1853) ;

9° Les pensions et indemnités viagères de retraite aux employés des anciennes listes civiles et du domaine privé du dernier règne.

Sont, en outre, inscrites sur les registres du Trésor, comme assimilées à des pensions :

La dotation du Sénat ;

Les dotations sur le Mont-de-Milan ;

Les dotations sur les canaux d'Orléans et du Loing.

ART. 32.

La concession des pensions des grands fonctionnaires de l'Empire doit rester dans la limite du crédit de 500,000 fr. fixé par la loi du 17 juillet 1856.

Elles sont inscrites en vertu d'un décret d'autorisation présenté par le Ministre des finances, visant la situation du crédit et le décret de concession rendu sur la proposition du Garde des sceaux, Ministre de la justice.

Pensions des grands fonctionnaires de l'Empire.

ART. 33.

Les pensions de la Pairie et de l'ancien Sénat, inscrites en vertu de la loi du 28 mai 1829, ne peuvent faire l'objet d'aucune concession nouvelle.

Pensions de la Pairie et de l'ancien Sénat.

ART. 34.

Les seules pensions civiles concédées en vertu de la loi du 22 août 1790 qui puissent encore être imputées sur le crédit permanent de 3 millions ouvert par l'article 30 de la loi du 25 mars 1817, sont les pensions accordées aux ministres, aux membres du Conseil d'État, aux préfets et sous-préfets;

Celles qui sont attribuées aux anciens postillons en vertu de la loi du 19 frimaire an VI, et dont la loi de finances du 17 août 1835 a prescrit l'inscription au Trésor;

Enfin, les pensions concédées pour services civils par des lois spéciales.

Pour ces dernières pensions, l'inscription et l'imputation doivent être autorisées par un décret.

Pensions civiles. (Loi du 22 août 1790.)

ART. 35.

Il ne peut y avoir d'inscription nouvelle de pension à titre

Pensions

de récompense nationale que par suite de réversion sur les veuves des titulaires, de celles de ces pensions qu'a concédées la loi du 13 juin 1850. Cette réversion, après la remise par les parties des pièces établissant leurs droits, est soumise au Conseil d'État. Le décret d'inscription est présenté à la signature de l'Empereur par le Ministre des finances.

ART. 36.

Les pensions accordées aux militaires, à leurs veuves ou à leurs orphelins sont proposées par le Ministre de la guerre, qui soumet la liquidation au Conseil d'État et la communique ensuite au Ministre des finances pour la révision prescrite par le décret du 8 juin 1852.

Le projet de décret de concession n'est présenté à la signature de l'Empereur, par le Ministre de la guerre, qu'après avoir été revêtu du visa du Ministre des finances.

Un second décret, préparé par le département des finances, autorise l'inscription et détermine l'imputation.

ART. 37.

Les pensions ecclésiastiques ne peuvent donner lieu à aucune inscription nouvelle.

ART. 38.

Les pensions accordées par la loi du 26 juillet 1821 aux anciens donataires dépossédés ne peuvent non plus donner lieu à aucune concession nouvelle, si ce n'est pour réversion aux veuves et aux orphelins des titulaires.

Le décret qui autorise la réversion est rendu sur la proposition du Ministre des finances après avis du Conseil d'État.

La réversion s'opère par moitié entre la veuve et les enfants avec accroissement aux survivants, de sorte que ce n'est qu'au décès du dernier survivant que la pension s'amortit.

ART. 39.

Chaque année, la direction de la dette inscrite prépare la répartition entre les différents ministères du crédit alloué pour l'inscription des pensions civiles accordées en vertu de la loi du 9 juin 1853. Le décret réglant cette répartition, soumis préalablement au Conseil d'État, est présenté par le Ministre à la signature de l'Empereur.

Pour les pensions afférentes au ministère des finances, les pièces justificatives sont adressées par les diverses administrations à la direction de la dette inscrite. La liquidation opérée par cette direction est soumise à l'approbation du Ministre, et renvoyée ensuite à l'examen du Conseil d'État. Le décret qui autorise à la fois l'inscription de ces pensions et l'imputation de la dépense est préparé par cette même direction.

Pour les pensions des fonctionnaires ou agents ayant appartenu aux autres départements ministériels, la liquidation est faite par le ministre compétent, qui, après l'avoir présentée à la révision du Ministre des finances, la renvoie avec les observations de ce dernier ministre à l'examen du Conseil d'État. Le décret de concession, rendu sur la proposition du ministre liquidateur, est contre-signé par le Ministre des finances.

ART. 40.

Les pensions et indemnités viagères de retraite aux em-

et indemnités
viagères
de retraite
aux employés
des
anciennes
listes civiles
et du
domaine privé
du dernier règne.

ployés des anciennes listes civiles et du domaine privé du dernier règne ne peuvent donner lieu à de nouvelles inscriptions que par suite de réversion au profit des veuves des titulaires. Cette réversion s'opère de la même manière que pour les veuves des titulaires de pensions à titre de récompense nationale ou de donataires dépossédés.

ART. 41.

Dotations
du Sénat.

Les dotations du Sénat sont inscrites en vertu du décret qui confère la dignité de sénateur.

ART. 42.

Dotations
des canaux
et du
Mont-de-Milan.

Les dotations sur les canaux d'Orléans et du Loing et les dotations sur le Mont-de-Milan ne peuvent donner lieu à aucune inscription nouvelle, si ce n'est par suite de réversion en faveur des enfants des dotataires.

Le droit à cette réversion est constaté par une décision ministérielle rendue sur la proposition du directeur général de l'enregistrement et des domaines, qui en transmet ampliation à la direction de la dette inscrite.

ART. 43.

Secours
aux pensionnaires
de l'ancienne
liste civile.

La direction de la dette inscrite est, en outre, chargée par l'article 22 de la loi de finances du 8 juin 1864 de la distribution annuelle des secours attribués par les lois des 28 juin 1833 et 8 avril 1834, aux pensionnaires des anciennes listes civiles.

Cette distribution est faite au commencement de chaque année par décision ministérielle rendue sur la proposition du directeur de la dette inscrite.

ART. 44.

Lorsqu'une pension a été rayée des registres du Trésor et qu'il y a lieu de l'y rétablir, ce rétablissement s'opère en vertu d'une décision ministérielle rendue sur la proposition du directeur de la dette inscrite.

Rétablissement.

ART. 45.

Le titre constatant l'inscription au Trésor d'une pension ou d'une dotation, soit par suite de concession, soit par suite de rétablissement, est signé par le chef agent comptable des pensions et visé au contrôle.

Il est envoyé au chef du service auquel appartenait le titulaire et qui reste chargé d'en effectuer la remise.

Expédition
et
remise des titres.

ART. 46.

En exécution de l'ordonnance royale du 12 novembre 1826, le chef agent comptable des pensions rend un compte annuel des accroissements et des diminutions opérés pendant l'année dans les pensions inscrites sur les fonds généraux. Les formes de ce compte sont fixées par l'ordonnance précitée.

Ce compte est visé par le directeur, qui certifie, en outre, toutes les copies de décisions remises à l'appui. Il porte également ment le visa du contrôle conformément à l'arrêté du 10 février 1833.

Compte
à la Cour.

SERVICE DES CAUTIONNEMENTS EN NUMÉRAIRE.

ART. 47.

Pour l'exécution des attributions qui lui sont confiées, la

Ampliation

   RÈGLEMENTS ORGANIQUES.

direction de la dette inscrite reçoit avis de toutes les nominations aux emplois de comptables et autres fonctions publiques qui sont assujettis par les lois et règlements au versement d'un cautionnement en numéraire.

Pour les comptables et fonctionnaires nommés par décret ou par arrêté du Ministre des finances, les avis de nomination consistent en ampliations des décrets et arrêtés qui sont transmises par le secrétariat général des finances.

Les nominations faites par les directeurs généraux des administrations financières, par les Ministres des autres départements et les autres autorités administratives, sont notifiées directement à la dette inscrite au moyen d'états collectifs ou d'avis individuels. Ces états ou avis font connaître les noms, prénoms et qualités des comptables ou fonctionnaires, ainsi que le montant du cautionnement auquel ils sont assujettis.

La publication des journaux et écrits périodiques est notifiée, selon la législation en vigueur, par l'envoi de copies certifiées, soit des déclarations souscrites par les propriétaires ou gérants, soit des autorisations qui leur ont été accordées.

ART. 48.

Les sommes affectées à des cautionnements sont versées, à Paris, à la caisse centrale du Trésor public, ou dans les départements aux caisses des trésoriers généraux ou des receveurs particuliers des finances.

ART. 49.

La dette inscrite est informée de ces versements par le caissier payeur central, ou par les trésoriers généraux, directement, au moyen de bordereaux mensuels qui servent de base pour l'inscription des ayants droit sur les livres des cautionnements; mais les certificats constatant cette inscription ne sont expédiés et transmis aux intéressés par l'intermédiaire des autorités compétentes que sur la production du récépissé de versement ou d'une déclaration en tenant lieu que doit délivrer le comptable qui a reçu les fonds.

ART. 5o.

La dette inscrite s'assure de la conformité des inscriptions faites sur les livres des cautionnements avec les indications contenues dans ces récépissés ou déclarations.

Les certificats d'inscription ne sont transmis aux titulaires qu'après avoir été visés et signés par le contrôleur central ou l'un de ses délégués.

Certificats d'inscription.

ART. 51.

La dette inscrite contrôle les versements de cautionnements au moyen des notifications qui lui sont faites conformément à l'article 47 ci-dessus; elle signale aux autorités compétentes les retards ou les irrégularités qu'elle a reconnus, et provoque, au besoin, les mesures propres à les faire cesser.

Contrôle exercé sur la régularité des versements de cautionnements.

Elle apprécie la régularité des recettes opérées par les divers comptables à titre de versements de cautionnements; elle donne avis à ces derniers des changements d'imputation à opérer dans les recettes de cette nature et des remboursements à effectuer, sans intérêts s'il y a lieu, des sommes indûment versées.

Elle informe la direction générale de la comptabilité publique de toutes les modifications prescrites par elle dans les recettes opérées par les comptables.

ART. 52.

Application des cautionnements à une gestion nouvelle.

Les demandes tendant à obtenir l'application à de nouvelles gestions de cautionnements versés en garantie de gestions anciennes et apurées sont transmises à la direction de la dette inscrite, chargée d'apprécier si les justifications produites sont conformes aux règlements et instructions. L'application ne peut être effectuée qu'en vertu d'une décision du Ministre; cette décision est provoquée par la direction de la dette inscrite, qui prépare dans ce but et soumet au Ministre un état indiquant les noms, prénoms et qualités des parties intéressées, leurs résidences, anciennes et nouvelles, ainsi que les sommes dont la réaffectation est demandée.

Un nouveau certificat est délivré en échange de l'ancien, qui est annulé.

ART. 53.

Intérêts de capitaux de cautionnements.

La liquidation des intérêts dus sur les capitaux de cautionnements est faite annuellement, sauf les exceptions mentionnées ci-après. Ces intérêts sont ordonnancés au 1er janvier de chaque année, pour l'année précédente, au moyen d'états collectifs divisés par classes de titulaires et par département.

Ces états, préparés par le bureau des cautionnements, sont établis d'office au moyen des livres d'inscription pour les comptables et fonctionnaires à résidence fixe, les officiers publics ou ministériels, les propriétaires ou gérants de journaux. Pour les comptables et fonctionnaires dont les cautionnements sont inscrits sans affectation de résidence, ils sont établis au moyen d'états fournis à la date du 1ᵉʳ juillet de chaque année par les directeurs des administrations financières sous les ordres desquels ces agents sont placés dans les départements.

Des états supplémentaires, dressés à la fin du premier trimestre de chaque année, comprennent les intérêts afférents aux cautionnements dont le versement n'a été effectué que dans les six derniers mois de l'année précédente, et qui n'étaient pas encore inscrits à l'époque de l'établissement des états primitifs.

Les intérêts des cautionnements inscrits au nom de titulaires ayant cessé leurs fonctions ne sont liquidés et ordonnancés qu'avec le remboursement des capitaux. Il en est de même pour les cautionnements afférents à d'anciennes gestions et qui doivent être appliqués à la garantie de gestions nouvelles; le payement des intérêts n'est ordonnancé que lorsque l'application des capitaux a été autorisée et effectuée.

ART. 54.

La direction de la dette inscrite constate, sur la production des justifications prescrites par les règlements, la disponibilité des cautionnements au point de vue de la garantie du Trésor et en liquide le remboursement.

Remboursement de capitaux.

Cette liquidation donne lieu chaque dizaine à l'établissement d'états généraux indiquant les noms, prénoms, qualités et résidences des ayants droit, les capitaux à rembourser en totalité ou en partie et le décompte par exercice des intérêts restant dus. Ces états sont remis au bureau central qui, après les avoir enregistrés et visés, les présente à la signature du directeur ; ils sont ensuite soumis à l'approbation du Ministre, qui peut seul autoriser les payements de l'espèce.

Les ordonnancements de capitaux de cautionnements sont notifiés au caissier payeur central ou aux trésoriers payeurs généraux au moyen d'extraits par département des états généraux ci-dessus.

Ces extraits, préparés par la direction de la dette inscrite, visés et certifiés par le secrétariat général et par la direction du mouvement général des fonds, sont, de même que les états annuels d'intérêts, communiqués au conservateur des oppositions, qui y fait mentionner les actes de l'espèce qui lui ont été signifiés.

Lorsqu'il y a lieu d'appliquer les cautionnements des comptables au payement des débets qu'ils ont contractés, cette application a lieu en vertu des décisions spéciales du Ministre des finances.

ART. 55.

Bordereaux sommaires.

Les états annuels d'intérêts et ceux de remboursement de capitaux donnent lieu, en outre, à l'établissement par catégorie d'exercice de bordereaux sommaires présentant, par département et par année, le montant des intérêts à ordonnancer ; ces bordereaux sont enregistrés et visés au bureau central, signés par le directeur et transmis au secrétariat général avec les états annuels d'intérêts et les extraits des états de remboursement de capitaux. Un bordereau spécial pour les capitaux à rembourser est transmis à la direction du mouvement général des fonds.

ART. 56.

Quittances

Les trésoriers généraux sont chargés de préparer et de

transmettre aux parties les quittances d'intérêts annuels. La direction de la dette inscrite prépare les lettres d'avis pour remboursements de capitaux; elle les transmet au secrétariat général qui, après avoir expédié les quittances des intérêts afférents à ces capitaux, adresse les unes et les autres aux parties intéressées.

ORDONNANCEMENT DES ARRÉRAGES DES RENTES ET DES PENSIONS, DES CAPITAUX ET DES INTÉRÊTS DE CAUTIONNEMENTS.

ART. 57.

Le payement des arrérages des rentes perpétuelles et viagères, celui des arrérages des pensions, le remboursement des capitaux de cautionnements et le payement des intérêts ont lieu sur les ordonnances du Ministre des finances en vertu des crédits législatifs.

Le compte de l'emploi de ces crédits est tenu contradictoirement par le bureau central et par les bureaux chargés de l'exécution de chacun des services attribués à la direction de la dette inscrite.

ART. 58.

Les états d'arrérages de rentes à payer à chaque échéance sont dressés par l'agent comptable du grand-livre pour une durée de deux à cinq ans; ils sont divisés par nature de rentes et par départements. Il y est joint, pour les rentes nominatives, des bulletins individuels au verso desquels sont disposées des cases destinées à l'apposition de l'estampille, conformément aux dispositions du décret du 9 novembre 1849.

Le montant des états d'arrérages est porté dans des bordereaux récapitulatifs par département, qui comprennent le solde précédent, les accroissements et les décroissements survenus, ainsi que le montant des rentes départementales. Ces bordereaux, visés par le directeur, sont remis à la direction du mouvement général des fonds, qui les transmet aux comptables pour leur tenir lieu d'extrait d'ordonnance.

Il est en outre établi un bordereau résumé des arrérages à ordonnancer pour les diverses natures de rente. Ce bordereau, signé par l'agent comptable, enregistré au bureau central et visé par le directeur, est remis au secrétariat général pour être compris dans les ordonnances à soumettre à la signature du Ministre.

Pour les rentes viagères de la vieillesse et celles d'ancienne origine, il est établi des états d'arrérages en double expédition, dont l'une, d'une durée de trois ans, reste entre les mains du payeur. Il transmet l'autre à la Cour des comptes à l'appui de son compte de gestion.

Les rentes au porteur et les rentes mixtes ne peuvent être ordonnancées que sur la caisse centrale du Trésor public.

Il en est de même des rentes nominatives dont les arrérages sont touchés sur extrait de procuration en conformité de l'ordonnance du 1er mai 1816.

Les arrérages des rentes au porteur et ceux des rentes mixtes sont compris dans des bordereaux spéciaux.

Les rentes payées sur procurations sont portées à leur ordre dans l'état général des rentes nominatives. Le payeur est averti de la forme particulière de leur payement au moyen de bulletins à souche signés par le chef agent comptable du grand-livre.

Pour les rappels et les décomptes d'arrérages résultant de rentes nouvellement créées ou rétablies, il est formé des états spéciaux soumis au même contrôle que les états de semestre et de trimestre.

Il est établi des bordereaux spéciaux pour les réordonnancements des arrérages imputables sur exercices clos. Ces bordereaux sont basés sur les états sommaires appuyés des états nominatifs des restes à payer, que dressent à cet effet, en fin d'année et en fin d'exercice, les comptables chargés des payements.

Lorsqu'il y a lieu de réduire ou d'annuler une somme d'arrérages ordonnancée, le bordereau qui établit le décompte dressé par l'agent comptable du grand-livre est transmis au secrétariat général, qui prend les mesures nécessaires pour la réduction de l'ordonnance ou le reversement de la somme trop perçue.

ART. 59.

Les états d'arrérages des pensions sont établis pour une durée de deux à cinq ans. Ils sont tenus à jour au moyen d'états modificatifs dans la même forme, envoyés aux comptables avant les échéances, et qui indiquent les additions et les annulations à opérer.

Ces divers états, dressés par le chef agent comptable des pensions, sont enregistrés au bureau central et visés par le directeur.

ART. 60.

Les annuités pour les emprunts spéciaux et pour le rachat des actions de jouissance des ponts ou canaux sont ordonnancées sur des bordereaux établis par le bureau central et visés par le directeur.

SERVICE DU CONTENTIEUX
ET DE L'AGENCE JUDICIAIRE DU TRÉSOR.

CHAPITRE PREMIER.

DISPOSITIONS GÉNÉRALES.

ARTICLE PREMIER.

Le chef de la division du contentieux, agent judiciaire du Trésor public, est chargé, sous l'autorité du Ministre, de diriger, surveiller, reviser les travaux et la correspondance relatifs, savoir :

1° Aux diverses questions contentieuses soumises par les différents ministères, les administrations publiques de l'État et tous les comptables en général, autres que celles qui concernent le ministère des finances, ou qui peuvent donner lieu à une action administrative ou judiciaire pour ou contre le Trésor public ;

2° Les mêmes travaux ayant pour objet les affaires contentieuses déférées au Ministre par les administrations de finances, et relatives aux procédures et poursuites en recouvrement de droits et créances, aux transactions à faire sur ces mêmes procédures, ainsi qu'aux remises, modérations et délais qui en peuvent être la suite ;

3°. A l'examen et à la solution des questions ou difficultés qui peuvent s'élever sur l'application et l'interprétation des lois, décrets ou règlements en matière contentieuse et dont la division du contentieux est saisie au moyen d'un renvoi signé par le Ministre ;

4° Au recouvrement des débets des comptables, et de toutes les créances actives du Trésor public ;

5° Au compte du mouvement annuel des débets et créances dont le recouvrement est confié à l'agence judiciaire du Trésor ;

6° A la réception et à l'annulation des cautionnements en rentes et en immeubles ;

7° A l'inscription et à la radiation des priviléges de second ordre sur les cautionnements en numéraire,

8° Et généralement aux diverses matières qui rentrent dans ses attributions et qui sont réparties ci-après entre les trois bureaux dépendant de cette division.

SECTION PREMIÈRE.

DÉBETS DES COMPTABLES DES FINANCES.

ART. 2.

Aussitôt qu'un comptable ressortissant au ministère des finances est remplacé pour cause de débet constaté, conformément à l'article 868 du décret du 31 mai 1862, le compte de sa gestion courante est clos et arrêté, et le montant du débet est transporté dans les écritures de la direction générale de la comptabilité publique, au compte général des comptables en débet et à *un compte individuel*.

ART. 3.

En même temps le directeur général de la comptabilité

publique remet au chef de la division du contentieux des finances, agent judiciaire, avec les pièces à l'appui, un état dûment certifié, présentant la situation du comptable débiteur et énonçant les renseignements qui auraient été recueillis, tant sur les causes qui peuvent accroître ou atténuer le débet que sur les diverses parties de l'actif du comptable.

ART. 4.

A la réception de cet état de situation, il est ouvert un compte à chaque débiteur dans les bureaux de l'agence judiciaire, qui prend, pour le prompt recouvrement des débets, toutes les mesures que réclament les intérêts du Trésor.

ART. 5.

Dans la notification faite à la division du contentieux par la comptabilité publique, le débet ne figure qu'en principal seulement, mais l'état de situation indique les dates à partir desquelles les intérêts sont exigibles, afin que la liquidation puisse en être faite ultérieurement par qui de droit, lors du payement partiel ou intégral du débet.

ART. 6.

Les intérêts des débets qui ressortent des écritures des comptables sont calculés d'après les décomptes que l'Administration en fait établir, savoir :

1° Pour les trésoriers payeurs généraux des finances, jusqu'au jour de l'arrêté de leur compte courant avec le Trésor;

2° Pour tous les autres comptables des finances, jusqu'au

jour où le compte final à rendre à la Cour des comptes est arrêté par l'Administration.

Les intérêts courus sur ces mêmes débets, depuis les époques ci-dessus indiquées, sont calculés d'après les arrêts de la Cour des comptes qui en fixent le point de départ, ou conformément à l'article 368 du décret du 31 mai 1862.

A l'égard des débets résultant des forcements en recette ou radiations de dépenses, qui seraient prononcés par la Cour des comptes, les intérêts en sont calculés d'après les époques fixées par les arrêts de la Cour.

ART. 7.

Toutes les fois que la division du contentieux établit le décompte des intérêts à la charge d'un comptable en débet, elle notifie à la direction générale de la comptabilité publique le résultat de la liquidation, afin que le montant du décompte soit porté en augmentation de débet; il en doit être de même des frais de poursuites qui auraient été payés à la charge du comptable.

ART. 8.

Tous les arrêts de la Cour des comptes adresses au ministère des finances sont renvoyés par le secrétaire général du ministère à la direction générale de la comptabilité publique, qui provoque, en ce qui la concerne auprès de la division du contentieux, les mesures relatives soit à la levée des charges résultant des arrêts de la Cour, soit au versement des débets provenant des radiations de dépenses ou des forcements de recettes qui sont prononcés contre des comptables en exercice.

ART. 9.

Si le comptable constitué en débet par arrêt de la Cour des comptes a cessé ses fonctions, la direction générale de la comptabilité publique, après avoir gardé la copie de l'arrêt, le transmet sans retard à la division du contentieux, en accompagnant cet envoi d'un avis indiquant si le débet peut être soldé, soit par l'application d'un actif dont la connaissance résulte des écritures et dont la réalisation doit être provoquée par la direction générale de la comptabilité publique, soit par tout autre moyen.

Le chef de la division du contentieux, agent judiciaire, fait, suivant les cas, les actes conservatoires nécessaires cu commence immédiatement les poursuites.

ART. 10.

La direction générale de la comptabilité publique transmet également au chef de la division du contentieux les arrêts constatant la libération définitive des comptables et autorisant la mainlevée des inscriptions hypothécaires prises sur leurs biens.

SECTION II.

DÉBETS DIVERS ET CRÉANCES LITIGIEUSES.

ART. 11.

Le chef de la division du contentieux reçoit des ministères et administrations publiques, avec les titres à l'appui, la notification des débets liquidés par eux à la charge des entrepreneurs, fournisseurs, agents comptables et préposés divers, autres que les comptables des finances, ainsi que l'avis des réductions que ces débets ont éprouvées par suite de rectifications ou de décharges.

ART. 12.

Il est ouvert un compte individuel à chaque débiteur sur les registres tenus à la division du contentieux des finances, laquelle prend en même temps, pour le recouvrement du débet, toutes les mesures que réclament les intérêts de l'État.

Il est également suivi, dans les mêmes bureaux, des comptes par section, où sont classés tous les débiteurs d'une même catégorie.

CHAPITRE II.

RECOUVREMENT DES DÉBETS ET CRÉANCES LITIGIEUSES.

—

ART. 13.

Les versements sur les débets et créances litigieuses sont opérés soit à la caisse centrale du Trésor, soit aux caisses des trésoriers payeurs généraux et des receveurs particuliers des finances dans les départements, ou à celles des trésoriers payeurs en Algérie, dans les colonies et aux armées.

Les comptables s'en chargent au compte des recettes accidentelles avec la distinction spéciale de recettes sur débets, et la comptabilité publique en fait le classement par nature de débet.

Le comptable entre les mains duquel le payement a eu lieu en délivre un récépissé à talon à la partie versante, et

il transmet immédiatement une déclaration de ce versement
au chef de la division du contentieux des finances.

ART. 14.

Le directeur général de la comptabilité publique remet à
la fin de chaque trimestre, et plus tôt s'il y a lieu, au chef de
la division du contentieux, un état certifié de tous les versements effectués, tant à Paris que dans les départements, ou
en Algérie, et dans les colonies, ou aux armées, à valoir sur
les débets de toute nature poursuivis à la requête de l'agence
judiciaire du Trésor.

ART. 15.

Le chef de la division du contentieux, au reçu de ces états
et documents, fait enregistrer les versements aux comptes des
débets et créances ouverts sur les livres de sa division, et il
informe successivement les ministères et les administrations
de la situation des recouvrements opérés sur l'actif des agents
dont ils lui ont notifié les débets.

CHAPITRE III.

COMPTABILITÉ DES DÉBETS, CRÉANCES ET VALEURS DIVERSES À RECOUVRER PAR L'AGENCE JUDICIAIRE.

ART. 16.

Les éléments des écritures de l'agence judiciaire sont :

1° Pour le débit :

Les liquidations des débets de comptables opérées par la
comptabilité publique et notifiées à l'agence conformément à
l'article 2 ;

Les liquidations de débets divers opérées dans les ministères et les administrations (art. 11);

Les liquidations d'intérêts et de frais susceptibles d'augmenter le montant des débets;

Enfin tous les débets ou créances dont la connaissance est parvenue à la division du contentieux par suite de révélations, découvertes, condamnations ou par tout moyen autre que ceux ci-dessus spécifiés (art. 11);

2° Pour le crédit :

Les recouvrements effectués sur les débets;

Les réductions prononcées sur les débets divers par les ministères et administrations, ou par décrets, arrêts ou jugements;

Les remises à titre gracieux accordées conformément à la loi du 29 juin 1852;

Les décharges et déclarations de caducité provoquées par l'agence, et dont les ampliations dûment certifiées doivent être transmises trimestriellement à la comptabilité publique.

ART. 17.

Tous les trois mois le chef de la division du contentieux remet à la direction générale de la comptablilité publique un état présentant, par nature de débets, le mouvement des accroissements et diminutions pendant le trimestre précédent.

ART. 18.

Le chef de la division du contentieux fait dresser, chaque année, un état sommaire, et par nature de créance, de la situation de tous les débets et créances dont le recouvrement lui est confié.

Cet état indique le montant des sommes dues, celles qui ont été recouvrées, réduites, abandonnées ou déclarées caduques dans le cours de l'année, celles qui restent à recouvrer et celles dont la remise a été accordée.

Le directeur général de la comptabilité publique vérifie ledit état, qui est inséré au compte annuel des finances et soumis à la commission chargée de l'examen des comptes ministériels. Il joint l'état des remises de débet accordées à titre gracieux dans le cours de l'exercice à la loi de règlement définitif de cet exercice.

ART. 19.

La commission s'assure de l'exactitude des résultats par l'examen des pièces indiquées à l'article 16.

ART. 20.

Le chef de la division du contentieux fait former également, chaque année, pour être inséré au compte annuel des finances, un état sommaire de tous les débets et créances. Cet état contient, d'après la situation des poursuites et les documents existants, la distinction des créances en créances bonnes, douteuses et irrecouvrables.

Les résultats de l'appréciation de chaque débet sont consignés sur des états détaillés que le chef de la division du contentieux fait dresser par classe et par débiteur, et qui sont mis sous les yeux de la commission avec les pièces et dossiers dont la communication serait jugée nécessaire.

CHAPITRE IV.

CAUTIONNEMENTS EN RENTES.

ART. 21.

L'agence judiciaire du Trésor est informée des cautionnements à recevoir en rentes, soit par les ministres ou par les administrations qui en ont fixé le montant, soit par les parties elles-mêmes qui doivent les fournir.

ART. 22.

Pour réaliser son cautionnement en rentes à Paris, la partie fait viser son inscription *pour cautionnement* à la direction de la dette inscrite. (Arrêté du 16 prairial an xi.)

Elle la dépose ensuite à la caisse centrale, qui lui en délivre un récépissé à talon, visé au contrôle, au dos duquel sont mentionnés le numéro de l'inscription, le nom de la partie et la somme.

ART. 23.

Sur le visa de ce récépissé l'agence judiciaire dresse l'acte de nantissement ou de cautionnement, sur papier timbré fourni par la partie.

Cet acte, fait en autant d'originaux qu'il y a de contractants, est signé par ceux-ci et par l'agent judiciaire du Trésor.

ART. 24.

En échange du récépissé ou certificat de dépôt qui lui a été remis par la caisse centrale, la partie reçoit de l'agence judiciaire un bordereau d'annuel, visé à la direction de la dette inscrite, ainsi qu'au contrôle central, sur la représentation duquel les arrérages lui seront payés.

ART. 25.

Avant de remettre le bordereau d'annuel et l'un des originaux de l'acte à la partie, l'agent judiciaire déclare par acte administratif au conservateur des oppositions qu'il s'oppose au transfert et à l'aliénation de l'inscription de rente déposée en nantissement.

Cette déclaration est visée par le conservateur des oppositions.

ART. 26.

Si le cautionnement est fourni en vertu d'une décision ministérielle ou administrative, le ministre ou l'administrateur sur la demande duquel le cautionnement a été fourni est informé de sa réalisation par lettre officielle.

ART. 27.

Toute annulation ou radiation de cautionnement est faite au vu et en exécution du consentement formel du ministre ou du chef de service dont le cautionné dépend.

Cette annulation ou radiation est prononcée par décision du Ministre des finances.

ART. 28.

L'opposition administrative, qui avait été faite dès l'origine de l'acte du cautionnement, par l'agent judiciaire du Trésor, est en même temps levée en vertu de la décision d'annulation.

ART. 29.

Sur l'avis de la décision d'annulation, la partie se présente avec son bordereau d'annuel à l'agence judiciaire, qui lui remet le certificat de dépôt de son inscription.

ART. 3o.

Elle doit ensuite se présenter :

1° Au bureau central de la dette inscrite pour obtenir une ampliation de la décision d'annulation ;

2° A la caisse centrale pour retirer l'inscription affectée à son cautionnement, et porter le tout au bureau des transferts et mutations (à la Bourse), pour obtenir la délivrance d'un nouveau titre, affranchi de la mention de cautionnement, en échange de son bordereau d'annuel, sur lequel les arrérages payés ont été mentionnés par les estampilles du payeur et du contrôle.

ART. 31.

En cas de débet ou de déficit dûment constaté définitivement et notifié à l'agent judiciaire, le Ministre des finances prend un arrêté ou une décision qui autorise la vente de tout ou partie de l'inscription affectée au cautionnement.

ART. 32.

Cette décision autorise le syndic faisant fonctions d'agent de change du Trésor public à retirer l'inscription de rente de la caisse centrale et à vendre la somme de rente nécessaire pour couvrir le débet ou le déficit, en vertu du pouvoir irrévocable que le titulaire de cette inscription a donné dans l'acte de cautionnement.

ART. 33.

En cas de perte du bordereau d'annuel, le titulaire fait sa déclaration à la mairie de son arrondissement, conformément au décret du 3 messidor an XII, en présence de deux témoins attestant son individualité.

Cette déclaration est ensuite adressée ou remise à l'agence judiciaire, à l'appui d'une demande de duplicata de ce titre perdu.

ART. 34.

Sur cette demande, une décision ministérielle autorise le caissier payeur central à remettre à la direction de la dette inscrite l'inscription de rente déposée à titre de cautionnement.

ART. 35.

Le directeur de la dette inscrite est autorisé de son côté, par la même décision, à faire opérer le transfert de forme de ladite inscription, sans qu'il y ait lieu à en changer l'immatricule, et à délivrer un nouveau titre avec rappel d'arrérages, s'il y a lieu, puis à rétablir à la caisse centrale la nouvelle inscription, dûment visée au contrôle, pour continuer à y rester déposée comme la précédente, avec les mêmes affectations.

ART. 36.

L'agent judiciaire est autorisé :

1° A donner mainlevée de son opposition au transfert et à l'aliénation de la première inscription, sauf à frapper d'une nouvelle opposition la rente à provenir du transfert de forme ;

2° A délivrer un nouveau bordereau d'annuel à l'ayant

droit, après que la caisse centrale lui a transmis le récépissé du dépôt du nouveau titre.

Ce bordereau d'annuel est revêtu du visa du contrôle central.

ART. 37.

Les intéressés qui sont autorisés à constituer leur cautionnement en rentes peuvent en réaliser une partie en numéraire, après y avoir été autorisés sur leur demande spéciale.

ART. 38.

La partie qui a perdu ou adiré des coupons d'arrérages de rentes au porteur peut être autorisée, sur sa demande, à en toucher le montant, moyennant le dépôt préalable d'un cautionnement en rentes nominatives et directes dont la durée est limitée à cinq ans à partir de l'échéance de chaque coupon perdu. (Décision du 4 décembre 1850.)

ART. 39.

En pareil cas, la réclamation est soumise par le directeur de la dette inscrite au Ministre, qui en ordonne le renvoi à la division du contentieux pour être procédé à la réalisation de l'acte de cautionnement qui doit précéder le payement demandé.

ART. 40.

Au vu de l'ampliation de la décision ministérielle et du récépissé de la caisse centrale constatant le dépôt de la rente affectée, un acte de cautionnement est passé par l'agent judiciaire avec la partie qui a perdu les coupons, et à laquelle un

5.

bordereau d'annuel visé au contrôle est remis pour toucher les arrérages.

En même temps l'inscription déposée en nantissement est frappée de l'opposition de l'agent judiciaire pour que le transfert n'en puisse avoir lieu.

ART. 41.

A l'expiration des cinq ans, sur la demande de restitution de l'inscription, le chef de la division du contentieux s'assure auprès du directeur de la dette inscrite qu'il n'est survenu aucun fait de nature à s'opposer à cette restitution.

ART. 42.

En cas de perte d'une inscription de rente *au porteur*, les tiers qui s'en prétendraient ou s'en feraient reconnaître légitimes propriétaires pourront obtenir la délivrance d'un nouveau titre, à la charge de fournir préalablement un cautionnement en rentes nominatives, pour un temps *illimité*, d'une valeur égale au montant de l'inscription déclarée perdue ou adirée. (Décision ministérielle du 4 décembre 1850.)

ART. 43.

Ce cautionnement sera augmenté d'une somme suffisante pour répondre, dans les mêmes termes, tant des coupons des titres adirés qui viendraient à être présentés au payement, que des années d'arrérages dont l'acquit pourrait être réclamé au Trésor lors de la présentation de l'inscription au porteur déclarée perdue. (Même décision.)

ART. 44.

Le remplacement des extraits d'inscriptions de rentes *mixtes*, auxquels sont attachés des coupons d'arrérages *au porteur* ne s'opère, suivant le mode admis pour les effets au porteur, que sur le dépôt préalable d'un cautionnement réalisé en une inscription nominative suffisante pour garantir le Trésor contre la reproduction des coupons échus et non payés ou restant à échoir, et dont le possesseur pourrait réclamer ultérieurement le payement, s'ils étaient retrouvés.

La durée de garantie est de cinq ans pour chaque coupon à partir de son échéance. (Décision ministérielle du 22 janvier 1869.)

ART. 45.

Les mêmes formalités sont suivies pour la réception des cautionnements en rentes auxquels sont assujettis, dans les cas ci-après, les réclamants pour perte d'autres titres au porteur ou nominatifs souscrits par le Trésor

Savoir :

1°. Les souscripteurs d'emprunt qui déclarent avoir perdu ou adiré leur certificat provisoire *entièrement libéré.*

Ils ne peuvent obtenir la délivrance de l'inscription de rente nominative y afférente qu'à la condition d'affecter en dépôt ce dernier titre au Trésor pendant trente ans, à dater de la libération du certificat d'emprunt, et, en outre, une autre inscription de rente nominative représentant le montant de cinq années d'arrérages.

2° Les souscripteurs d'emprunt dont le certificat provisoire, déclaré perdu ou adiré, n'est pas *entièrement libéré.*

Dans ce cas, les termes arriérés doivent être soldés au Trésor, avec les intérêts de retard, avant la délivrance de l'inscription nominative qui doit être déposée à titre de cautionnement pendant cinq ans seulement, à partir de la date de l'inscription. (Décision ministérielle du 20 septembre 1854.)

3° En cas de perte *d'une obligation trentenaire*, le réclamant, après y avoir été dûment autorisé par une décision ministérielle rendue sur la proposition du directeur du mouvement général des fonds, doit affecter à titre de nantissement, dans un acte passé avec l'agent judiciaire du Trésor, et laisser en dépôt à la caisse centrale, pendant trente ans à partir dudit acte de cautionnement, une rente nominative sur l'État représentant la valeur nominale du titre déclaré perdu ou adiré, ainsi que le montant de cinq années d'intérêt cumulées à 4 p. o/o.

En vertu de la même décision ministérielle et sur la production d'un des originaux de l'acte de cautionnement, le caissier payeur central du Trésor remet au réclamant ou à son mandataire un certificat nominatif tenant lieu de l'obligation trentenaire perdue. (Décisions des 30 juin et 6 juillet 1863, 15 mars 1865 et 21 mars 1868.)

4° En cas de perte d'un bon du Trésor *au porteur*, la durée du cautionnement à fournir en rentes nominatives est également de trente années, à dater du lendemain de l'échéance du titre. (Avis du Conseil d'État du 15 mars 1822 et du 15 février 1850. — Arrêt du tribunal des conflits du 30 juillet 1850.)

5° S'il s'agit de bons du Trésor *nominatifs*, transmissibles par endossement, ou d'autres valeurs du Trésor émises à ordre par la caisse centrale du Trésor public, les propriétaires ou bénéficiaires peuvent en obtenir le remboursement sur leur déclaration de perte, moyennant un cautionnement en rentes dont la durée est de cinq ans à partir du lendemain de l'échéance du titre. (Décisions ministérielles du 20 mai 1818, 7 et 11 juin 1834, et 20 mai 1843.)

6° En cas de perte de la *quittance visée* sur laquelle les arrérages de rentes sont payables, le réclamant peut en obtenir le remplacement et le payement, sur le dépôt préalable, à titre de cautionnement pendant cinq ans à partir de l'échéance des arrérages, d'une inscription de rente nominative équivalente à la somme portée en la quittance visée.

Le directeur de la dette inscrite provoque la décision ministérielle qui autorise la réalisation du cautionnement à passer avec l'agent judiciaire du Trésor public. (Décision ministérielle du 7 mai 1861.)

7° Dans le cas où la partie qui a perdu ou adiré une inscription de *rente mixte* déclare ne pouvoir fournir le cautionnement exigé, il y peut être suppléé en vertu d'une décision spéciale rendue sur la proposition du directeur de la dette inscrite, de la manière suivante :

1° En remplacement de l'inscription mixte perdue ou adirée, il est expédié au nom du titulaire deux inscriptions purement nominatives représentant chacune la moitié de celle dont la perte sera certifiée conformément au décret du 3 messidor an XII;

2° L'une de ces coupures est remise à la partie réclamante; l'autre, représentant un capital supérieur au montant des coupons d'arrérages à payer, est conservée par le Trésor pour être affectée au cautionnement jusqu'à l'expiration de la cinquième année à partir de l'échéance du dernier coupon. (Décision ministérielle du 12 février 1869.)

ART. 46.

En cas de perte de traites de la marine, les bénéficiaires qui auront justifié régulièrement de leurs droits de propriété et de leur identité peuvent, sur la proposition du directeur du mouvement général des fonds, et en vertu d'une décision spéciale du Ministre, en obtenir le remboursement par le caissier payeur central, sur leur quittance, à la charge de fournir préalablement un cautionnement en rentes suffisant pour répondre du payement du capital desdites traites, dans les formes et délais prévus en pareil cas. (Décisions du 20 mai 1843, 3 et 13 octobre 1864.)

CHAPITRE V.

§ 1er.

SERVICE DES OPPOSITIONS ET DES PRIVILÉGES DE SECOND ORDRE.

ART. 47.

Toutes saisies-arrêts ou oppositions sur des sommes dues par l'État ou par le département de la Seine, et dont les payements sont à effectuer par le caissier payeur central à Paris, toutes significations de cession ou transport desdites sommes, et toutes autres ayant pour objet d'en arrêter le payement, ainsi que toutes celles concernant les cautionnements pour publication de journaux et écrits périodiques, doivent être faites, sous peine de nullité, exclusivement entre les mains du conservateur des oppositions au ministère des finances. (§ 2, art. 13 de la loi du 9 juillet 1836 ; art. 15 de la loi du 9 septembre 1835; art. 7 et 8 de l'ordonnance du 18 novembre suivant.)

ART. 48.

L'inscription des actes portant déclaration de privilége de second ordre sur les cautionnements en numéraire versés au Trésor public, et qui sont notifiés ou remis audit Trésor, ainsi que l'examen de toutes les pièces y relatives, sont faits exclusivement par le bureau des oppositions. (Décret du 14 décembre 1853.)

ART. 49.

Les saisies-arrêts ou oppositions, significations de transport, délégation, jugement de validité ou de mainlevée concernant les cautionnements en numéraire doivent être faites soit au Trésor public (bureau des oppositions), soit aux greffes des tribunaux civils pour les comptables et les officiers ministériels, et aux greffes des tribunaux de commerce pour les agents de change et les courtiers. (Art. 2 de la loi du 25 nivôse an XIII.)

ART. 50.

Les oppositions faites aux greffes des tribunaux n'arrêtent que le remboursement du capital des cautionnements en numéraire qui y sont saisissables.

Elles doivent être dénoncées au Ministre des finances, en la personne du conservateur des oppositions à Paris, pour arrêter à la fois le capital et les intérêts. (Avis du Conseil d'État approuvé le 12 août 1807.)

ART. 51.

Indépendamment des formalités communes à tous les exploits, le conservateur doit examiner, avant de les viser, si les notifications ainsi que les exploits présentés sont conformes aux lois des 14-19 février 1792, 30 mai, 8 juin 1793, à l'arrêté du Gouvernement du 1er pluviôse an XI, aux articles 561 et 569 du Code de procédure civile, au décret du 8 août 1807, aux articles 13, 14 et 15 de la loi du 9 juillet 1836, portant règlement définitif du budget de l'exercice 1833, à l'arrêté du Ministre des finances du 24 octobre 1837, aux lois des 25 nivôse et 6 ventôse an XIII et aux décrets impériaux des 28 août 1808 et 22 décembre 1812.

ART. 52.

Lorsque l'exploit n'est pas conforme aux lois, décrets et arrêtés cités dans l'article précédent, le conservateur est tenu de le refuser, et le refus motivé doit être mentionné sur l'exploit original et sur la copie. (Arrêté ministériel du 24 octobre 1837, art. 10.)

ART. 53.

Dès que les oppositions, significations ou notifications ont été visées par le conservateur, elles sont portées, par ordre de date et de numéro et par extrait, sur les registres relatifs à la nature du service auquel elles se rapportent. (Arrêté du Ministre des finances du 24 octobre 1837.)

ART. 54.

Le conservateur des oppositions apprécie seul les mainlevées des oppositions, soit amiables, soit prononcées par justice, et les désistements des significations et notifications reçues par lui.

ART. 55.

A mesure que les saisies-arrêts ou oppositions et les significations acquièrent cinq années de date sans avoir été renouvelées, elles sont rayées des registres tenus au Trésor public. (Art. 14 de la loi du 9 juillet 1836.)

ART. 56.

Pour assurer l'effet des actes relatifs aux créances dues par l'État et le département de la Seine, et payées par le caissier payeur central, celui-ci ne peut effectuer aucun payement de lettre d'avis portant extrait d'ordonnance, ou de mandat, sans qu'au préalable le bureau des oppositions y ait apposé son visa.

ART. 57.

Le bureau des oppositions mentionne les actes qui lui ont été notifiés, et dès que l'exécution en est faite par le caissier payeur central, soit en totalité, soit en partie, celui-ci doit immédiatement délivrer à la division du contentieux des finances, bureau des oppositions, le certificat constatant cette exécution. (Instruction du contentieux du 27 août 1845, et circulaire du 9 août 1853.)

ART. 58.

S'il s'agit d'une opposition faite soit sur une pension militaire, soit sur une pension civile, comme le payement de ces dépenses est fait sans visa préalable, le conservateur avise de l'opposition le caissier payeur central, en lui donnant tous les renseignements nécessaires pour que la saisie-arrêt frappe le débiteur.

Un récépissé de cet avis est immédiatement remis au conservateur des oppositions.

ART. 59.

Le conservateur des oppositions délivre aux ayants droit le certificat de privilége de second ordre mentionné en l'article 2 du décret du 28 août 1808, après qu'il a été revêtu du visa du contrôle. (Décret du 14 décembre 1853, loi du 24 avril 1833.)

ART. 60.

Toutes les fois qu'il y a lieu pour le conservateur des oppositions d'expédier le certificat de privilége de second ordre, il lui est délivré par le bureau des cautionnements, sur sa demande, une attestation du montant du cautionnement, du jour de son versement, et de son numéro d'inscription. (Arrêté du 22 décembre 1853, art. 4.)

ART. 61.

Pour obtenir les mutations par suite de successions, donations ou legs, les nouveaux ayants droit des bailleurs de fonds doivent faire inscrire le certificat de propriété qui leur a été délivré, dans des formes analogues à celles qui sont indiquées par le décret du 18 septembre 1806.

ART. 62.

En cas de perte du certificat de privilége de second ordre, il en est délivré par le conservateur des oppositions un duplicata au bailleur de fonds, sur la production d'une déclaration de perte, faite soit devant notaire, soit à la mairie du domicile du réclamant, dans la forme analogue à celle qui est prescrite par l'arrêté du 3 messidor an XII, pour les titres de rente adirés.

Le nouveau titre doit être revêtu du visa du contrôle central.

ART. 63.

Afin de s'assurer s'il y a lieu de recevoir utilement les significations de toute nature qui lui seront présentées concernant les cautionnements, le conservateur des oppositions remet au bureau des cautionnements en numéraire (dette inscrite) un bordereau journalier des noms des titulaires frappés de ces significations, et lui demande en même temps les renseignements dont il a besoin. (Arrêté du 23 décembre 1853, art. 2.)

ART. 64.

Le bureau des oppositions fournit, de son côté, au bureau des cautionnements en numéraire toutes les indications nécessaires pour le changement d'affectation des cautionnements et la délivrance des certificats des sommes dues.

Il en est de même relativement aux cautionnements des journaux ou écrits priodiques.

Ces certificats sont visés par le conservateur des oppositions. (Même arrêté, art. 3.)

ART. 65.

Dans le cas où un cautionnement en numéraire aura été transféré d'une résidence à une autre, comme aussi dans le cas où le numéro d'inscription du cautionnement aura été changé, avis de l'opération est donné au bureau des oppositions, sur les registres duquel il en est tenu note. (Même arrêté, art. 6.)

ART. 66.

Lorsqu'un comptable du Trésor change de résidence, le conservateur des oppositions délivre le certificat prescrit par les articles 1235, 1355 et 1391 de l'instruction de la comptabilité générale des finances du 20 juin 1859.

ART. 67.

Lorsque le cautionnement a cessé d'être crédité aux livres du Trésor public par suite d'un ordre de remboursement délivré sur la caisse d'un trésorier-payeur de département, il ne peut être saisi-arrêté qu'entre les mains de ce comptable jusqu'au payement effectif. (Code de procédure civile, art. 557.)

ART. 68.

Tous les états de payement dressés par le directeur de la dette inscrite, et approuvés par le Ministre, tant pour les intérêts que pour le remboursement des capitaux payables dans les départements, sont communiqués par cette direction au conservateur des oppositions, qui vise ces états et met au bas le certificat de non-opposition ou la mention des empêchements qui en arrêtent le payement.

Il en est de même pour les capitaux et intérêts payables à Paris; néanmoins, au moment même des réclamations de payement, les lettres d'avis pour intérêts et capitaux ordonnancés collectivement, ainsi que les quittances individuelles pour intérêts annuels, sont assujetties au visa.

Des certificats attestant l'exécution totale ou partielle des actes y mentionnés doivent être adressés immédiatement à la division du contentieux par le comptable qui a effectué le payement. (Instruction du 27 août 1845 et circulaire du 9 août 1853.)

ART. 69.

Dans le cas où, à défaut d'un payement direct, la libération du Trésor doit se faire à la Caisse des dépôts et consignations, le versement doit toujours être accompagné, aux termes de l'ordonnance du 16 septembre 1837, de l'état complet et spécial, pour chaque partie saisie, des oppositions et significations existantes.

Le comptable du Trésor doit s'en faire délivrer, par le préposé de la caisse, un reçu particulier pour le joindre au récépissé de dépôt. (Art. 2 et 3 de l'arrêté ministériel du 24 octobre 1837.)

ART. 70.

Aussitôt que la nécessité du versement du cautionnement à la Caisse des consignations est prévue par le trésorier payeur, ce comptable doit demander à la division du contentieux (bureau des oppositions) l'état régulier des significations.

Cette pièce doit lui être transmise dans le plus bref délai possible.

§ II.

OPPOSITIONS SUR LES RENTES.

ART. 71.

Toutes significations d'oppositions, de saisies-arrêts, de cessions, de transports, d'affectations en garantie, et tous autres actes ayant pour objet d'empêcher le transfert des rentes nominatives ou mixtes, inscrites au grand-livre de la dette publique, ou d'en arrêter le payement des arrérages payables à Paris, continuent à être faits entre les mains du conservateur des oppositions, qui donne immédiatement connaissance de ces significations, savoir :

Au directeur de la dette inscrite, s'il s'agit d'un empêchement au transfert d'une rente ;

Au caissier payeur central du Trésor, s'il s'agit du payement des arrérages. (Loi du 9 juillet 1836, art. 13; arrêté ministériel du 28 août 1836; loi du 8 septembre 1830.)

Des récépissés de ces significations sont remis au bureau des oppositions pour chaque partie grevée.

ART. 72.

Le directeur de la dette inscrite forme d'office, sur les rentes inscrites au grand-livre, les empêchements administratifs qu'il juge nécessaires à la garantie du Trésor, ou aux intérêts des tiers, dans le cas où l'empêchement doit embrasser le capital et les arrérages de la rente.

ART. 73.

L'opposition au payement de ces arrérages est transmise au conservateur des oppositions, qui la notifie administrativement au caissier payeur central du Trésor public.

ART. 74.

Lorsque le conservateur des oppositions a reçu des mainlevées concernant les rentes frappées d'oppositions ou de significations, il doit immédiatement en donner avis, soit au directeur de la dette inscrite s'il s'agit de transfert, soit au caissier payeur central s'il s'agit d'arrérages.

ART. 75.

Lorsqu'il en est requis par une demande faite sur papier timbré par la partie saisie, par l'un des créanciers opposants, leurs représentants ou ayants cause, le conservateur doit délivrer un extrait ou état régulier des oppositions ou significations existant sur le créancier de l'État. (Art. 14 de la loi du 19 février 1792, 7 et 8 du décret du 18 août 1807, et § 9 de l'article 12 de la loi du 13 brumaire an VII.)

CHAPITRE VI.

ATTRIBUTIONS DES BUREAUX.

ART. 76.

Le travail du service du contentieux est divisé entre trois bureaux, dont deux pour l'agence judiciaire du Trésor et un pour la conservation des oppositions et priviléges de second ordre.

Premier bureau.

Il est chargé de la correspondance et de tous les travaux relatifs aux diverses questions contentieuses soumises à la division par les divers ministères, ou par les comptables en général, et aux matières suivantes :

Poursuite des débets des trésoriers payeurs, receveurs, comptables divers, fournisseurs et entrepreneurs de travaux publics, tant en France qu'en Algérie et dans les colonies ou aux armées; soumissionnaires de marchés administratifs, en-

6

trepreneurs de la guerre en Algérie, entrepreneurs de transports de dépêches, entrepreneurs et débiteurs de maisons centrales de force et de correction, adjudicataires de coupes de bois, entrepreneurs de transports d'émigrants dans les pays étrangers.

Restitution de primes indûment touchées pour la pêche de la morue.

Prêts au commerce et à l'industrie.

Avances ou subventions aux compagnies de chemins de fer, aux compagnies maritimes et aux associations ouvrières.

Préparation des travaux relatifs au personnel des avocats, agréés et tous officiers ministériels attachés au Trésor public.

Règlement de leurs frais et honoraires.

Deuxième bureau.

Défense aux actions intentées contre le Trésor.

Réception et annulation des cautionnnements en rentes et en immeubles.

Exécution de la loi du 5 septembre 1807, relative aux priviléges et hypothèques du Trésor sur les biens des comptables.

Poursuite des débets et créances sur les entrepreneurs et adjudicataires autres que ceux qui sont attribués ci-dessus au premier bureau.

Recouvrement et suite des débets des préposés de l'enregistrement, des domaines, du timbre, des postes, des contributions indirectes, des douanes; des débets des préposés des subsistances militaires, des fourrages et des hôpitaux, des officiers et sous-officiers; effets divers; arriéré des pensions des élèves de l'école polytechnique, de l'école spéciale militaire, des écoles vétérinaires, des écoles d'agriculture et du prytanée impérial.

Correspondance relative à l'indemnité des anciens colons de Saint-Domingue.

Tenue des écritures relatives à la comptabilité de l'agence judiciaire du Trésor; situation des comptes individuels des débiteurs; comptes annuels des débets et créances; garde des titres actifs au profit du Trésor.

Conservation des archives de la division du contentieux.

Troisième bureau.

Examen, réception et annulation des oppositions et significations de transports et jugements faites au Trésor public.

Délivrance des extraits d'oppositions et certificats de non-opposition.

Visa de toutes les ordonnances et des mandats délivrés sur la caisse du caissier payeur central à Paris par tous les ministres ou par leurs délégués.

Oppositions sur la dette inscrite et les pensions dans les cas autorisés par les lois.

Oppositions sur les cautionnements payables tant à Paris que dans les départements.

Connaissance et exécution des déclarations de privilége de second ordre au profit des bailleurs de fonds des cautionnements en numéraire; inscription de ces déclarations notifiées au Trésor public; délivrance du certificat mentionné en l'article 2 du décret du 28 août 1808.

6.

SERVICE DU CAISSIER PAYEUR CENTRAL DU TRÉSOR.

ARTICLE PREMIER.

Le service des caisses centrales du Trésor public s'exécute sous la direction et la responsabilité d'un caissier payeur central.

ART. 2.

Le caissier payeur central répartit ses attributions entre les services ci-après :

> Caisse principale,
> Recettes en numéraire,
> Dépenses en numéraire,
> Portefeuille du Trésor,
> Comptabilité,
> Bureau central.

CAISSE PRINCIPALE.

ART. 3.

Le service de la caisse principale est préposé à la conservation de l'encaisse du Trésor; il en suit les mouvements dans ses rapports soit avec les différents bureaux, soit avec la Banque de France.

L'encaisse numéraire est enfermé dans une caisse à deux serrures. Chaque matin, le caissier payeur central et le contrôleur central en extraient les billets et espèces nécessaires.

aux besoins de la journée. Ces billets sont enfermés dans une caisse courante, à deux clefs, placée dans l'intérieur du comptoir central, sous la surveillance d'un contrôleur, dépositaire de l'une des clefs.

Pendant le cours de la séance, les entrées de fonds sont constatées par des reçus de la caisse principale, et les sorties par des reçus des préposés payeurs, dûment contrôlés.

Les opérations avec la Banque sont constatées sur le carnet remis par cet établissement. Les retraits ont lieu au moyen de mandats signés par le caissier payeur central et par le contrôleur central, et visés par le directeur du mouvement général des fonds.

Le solde numéraire, qui ne doit se composer que d'espèces et de billets de banque, est reconnu, à la fin de chaque journée, par le contrôleur central, et immédiatement enfermé dans la caisse à deux serrures.

Une situation établie contradictoirement, et dont un résumé est remis à la direction du mouvement général des fonds, constate la conformité des résultats de cette vérification avec les écritures tenues par la caisse principale.

RECETTES EN NUMÉRAIRE.

Le service des recettes en numéraire reçoit tous les versements en numéraire en échange de récépissés comptables ou de valeurs créées par le Trésor.

Il se divise en deux bureaux, préposés respectivement à la délivrance contre espèces des récépissés ou des valeurs.

Les valeurs ne peuvent être émises qu'aux conditions fixées par des décisions ministérielles.

Les versements contre récépissés sont autorisés par le directeur du mouvement général des fonds.

Pour être valables, les récépissés et les valeurs doivent être visés au contrôle conformément à la loi.

Les valeurs ne peuvent être délivrées que sur des formules frappées des timbres secs de la caisse et du contrôle.

Les résultats journaliers des opérations du service des recettes sont centralisés sur un journal et transmis au bureau des écritures.

DÉPENSES EN NUMÉRAIRE.

Le service des dépenses en numéraire se divise en dépenses publiques et en dépenses de trésorerie.

Toutes les dépenses publiques doivent être régulièrement ordonnancées, soit par les ministres directement, soit par les ordonnateurs secondaires en vertu de crédits de délégation.

Les ordonnances directes et les ordonnances de délégation ne peuvent être admises sans le visa du directeur du mouvement général des fonds.

Toutes les dépenses de trésorerie doivent être autorisées par le même directeur.

Tous les payements des dépenses publiques ou de trésorerie s'effectuent au moyen de mandats à talon tirés par les préposés payeurs sur les comptoirs et visés au contrôle.

Les arrérages des rentes nominatives sont payés au vu des extraits d'inscriptions, qui sont frappés par le payeur et par le contrôleur de l'estampille de payement et sont émargés sur l'état fourni par le directeur de la dette inscrite.

Le porteur du titre donne son acquit sur le mandat de payement, qui tient lieu de justification de la dépense.

Le payement des arrérages des rentes viagères et des pensions s'effectue de la même manière que les arrérages des rentes nominatives; toutefois le titulaire est tenu de produire un certificat de vie.

Les receveurs de Paris qui seront désignés à cet effet acquitteront pour le compte du caissier payeur central les arrérages de rentes et de pensions qui seront assignés payables sur leur caisse.

Les coupons des rentes mixtes, des rentes au porteur et des valeurs payés par le Trésor sont acquittés sur la remise qui en est faite par les parties.

Ces coupons sont frappés d'un timbre d'annulation au moment même du payement.

Les talons des quittances visées sont transmis par la dette inscrite au caissier payeur central, au fur et à mesure de la remise de ces titres aux titulaires d'inscriptions transférées. La dépense afférente aux quittances émises est effectuée sur la remise du titre acquitté, qui sert de justification à la dépense.

Les rentiers ont la faculté de déposer leurs titres, quel qu'en soit le nombre, avant l'échéance, à l'effet de recevoir plus facilement les arrérages.

Avis leur est donné, par la voie des journaux et des affiches, de l'époque et du local fixés pour la réception de ces dépôts.

PORTEFEUILLE DU TRÉSOR.

Le bureau du portefeuille opère les entrées et les sorties des titres et effets du Trésor, soit contre récépissés, soit par conversion réciproque des effets et du numéraire.

Ces dernières opérations sont justifiées par des bons de virements avec la caisse principale. Ces bons sont visés au contrôle central.

Le bureau du portefeuille se compose de deux sections : l'une comprend les valeurs actives (Effets sur Paris et sur les départements. — Effets sur le caissier payeur central. — Valeurs représentatives d'avances en numéraire); l'autre comprend les valeurs inactives en dépôt (Inscriptions de rentes et effets divers déposés à titre de cautionnement, de garantie, ou à divers titres. — Rentes au porteur achetées ou à vendre pour le compte des départements. — Valeurs au porteur provenant de successions en déshérence. — Valeurs du Trésor déposées contre certificats nominatifs).

Tous les titres au porteur sont sous la double clef de la caisse et du contrôle.

Les coupons d'intérêt ou de dividende échus sont détachés des titres en présence du contrôleur.

Le bureau du portefeuille est tenu de faire recouvrer les effets à leur échéance et de faire présenter à l'acceptation ceux qui en sont susceptibles. A défaut d'acceptation ou de payement, il doit les faire protester en temps utile par l'un des huissiers commissionnés par le Ministre.

Les effets non payés sont, à moins d'ordres contraires, renvoyés aux comptables et correspondants qui les ont remis.

Quand il y a lieu, pour le compte du Trésor, à des poursuites directes, elles sont faites par les soins de la division du contentieux, auquel les effets sont remis sans retard avec le protêt et les renseignements convenables. En cas d'urgence, le caissier payeur central est autorisé à faire faire les diligences nécessaires.

Les valeurs de portefeuille sont soumises à des vérifications partielles conformément à l'arrêté du 21 janvier 1841.

COMPTABILITÉ.

Ce service est réparti en quatre sections :

1" SECTION. — Émission et rentrée des valeurs et ordonnances.

Cette section suit l'émission, la rentrée et le visa, lorsqu'il y a lieu, des valeurs créées par le Trésor. Elle garantit l'exactitude des restes à payer.

Elle enregistre les ordonnances directes et de délégation des ministres, les bordereaux d'émission de mandats des ordonnateurs secondaires; elle suit les annulations et les payements de manière à en établir mensuellement la situation.

Les pièces justificatives des dépenses des ministères et du service de trésorerie lui sont remises chaque jour par les divers bureaux de payement; elle établit les carnets détaillés et dresse les bordereaux et relevés à fournir périodiquement tant aux ministres et aux ordonnateurs secondaires qu'aux différentes directions du ministère des finances.

2° SECTION. — Comptabilité de la dette publique.

Cette section est chargée des travaux de détail ayant pour objet la comptabilité et le contrôle des payements de la dette publique. Elle tient un compte par échéance, et par série ou par coupure, du montant des états d'arrérages, des annulations et des payements d'où résultent les restes à payer.

En ce qui concerne la rente nominative, son service consiste à reconnaître les bulletins-matrices remis par la dette inscrite; à les extraire et à les estampiller conformément aux indications des feuilles journalières tenues dans les bureaux de payement; à les annuler en cas de transfert, et à contrôler, au moyen des bulletins non payés, l'exactitude des états de restes établis en clôture d'exercice par les bureaux de payement.

En ce qui concerne les coupons de rentes mixtes et au porteur, la section les classe par échéance, par coupure et par numéro; les annule, les émarge sur des états d'arrérages et dresse en clôture d'exercice un état des restes à payer.

Pour les pensions et les rentes viagères émargées au moment du payement, au vu des inscriptions, elle fait un émargement contradictoire au vu des feuilles tenues dans les bureaux de payement.

Elle établit les comptes de gestion et les états de restes à produire à la Cour des comptes.

3ᵉ SECTION. — Écritures générales.

Cette section centralise les écritures partielles de tous les bureaux et les décrit définitivement (journal et grand livre).

Elle fournit aux différentes directions du ministère les relevés, bordereaux et documents destinés à faire connaître la situation journalière des caisses; elle prépare les autorisations de payement à soumettre à la signature de la direction du mouvement général des fonds pour être produites à la Cour des comptes.

Elle établit les comptes de gestion et d'exercice, ainsi que le compte des frais de service et de négociations du Trésor en ce qui concerne la caisse centrale.

4ᵉ SECTION. — Archives.

Cette section est chargée du matériel (travaux et réparations, fournitures de bureau, imprimés, formules de valeurs, timbre sec). Elle classe et conserve les documents concernant le personnel, les instructions, les ordres de service et les pièces qui ne sont pas d'un usage immédiat et permanent dans les différents bureaux.

Elle recueille toutes les pièces de dépenses et les classe dans l'ordre des bordereaux établis par les autres sections; elle en prépare la remise à la Cour des comptes.

Elle a la garde des archives du caissier payeur central; elle répond aux demandes de renseignements du public.

BUREAU CENTRAL.

Le bureau central saisit, au moment de leur entrée dans le service général, toutes les opérations ou affaires transmises par la correspondance.

Il contrôle les envois de valeurs des trésoriers payeurs généraux et autres correspondants du Trésor; distribue, dans les bureaux qu'elles concernent, les diverses affaires, et constate sur ses registres la date de la réponse donnée à chacune d'elles, ou la date des récépissés délivrés, lorsqu'il s'agit d'envois de valeurs. Il est chargé de la fermeture des dépêches et de leur remise au service des postes.

Les envois par la correspondance des valeurs au porteur sont effectués avec le concours du contrôle central, qui appose son cachet sur la dépêche après l'insertion de ces valeurs.

Le bureau central suit l'apurement des injonctions de la Cour des comptes.

Il veille à la régularité des justifications produites à l'appui des dépenses et signale au caissier payeur central toutes les infractions commises.

ART. 4.

Le personnel placé sous les ordres du caissier payeur central se compose, conformément aux divisions principales et aux subdivisions du service établies ci-dessus :

D'un sous-caissier payeur central,

D'un caissier des recettes en numéraire,

De deux sous-caissiers,

D'un chef des dépenses en numéraire,

De six payeurs des rentes perpétuelles,

D'un payeur des rentes viagères et des pensions,

De quatre payeurs des dépenses des ministères,

D'un payeur des dépenses de trésorerie,

D'un caissier du portefeuille,

De deux sous-caissiers,

D'un chef de comptabilité,

De quatre sous-chefs,

D'un chef du bureau central,

D'un sous-chef,

De commis titulaires, d'agents de comptoir et d'auxiliaires.

Le mode de recrutement de ces employés sera déterminé par un arrêté ultérieur.

ART. 5.

Le caissier payeur central propose au Ministre la nomination de tous les employés placés sous ses ordres et les mesures relatives au personnel de ses bureaux.

ART. 6.

Le caissier payeur central est responsable de ses agents, sauf son recours contre eux.

En cas de force majeure ou de circonstances qu'il n'aura pas eu le moyen de prévenir, il est admis à se pourvoir auprès du Ministre des finances pour obtenir, s'il y a lieu, la décharge de sa responsabilité. Les décisions à intervenir sur les réclamations de l'espèce sont prises par le Ministre des finances et sauf l'appel au Conseil d'État.

ART. 7.

Le sous-caissier payeur central a la signature générale et supplée le caissier payeur central. Il est spécialement chargé de la direction de la caisse principale. En cas d'absence, il peut être momentanément remplacé par un des chefs, désigné à cet effet par le caissier payeur central.

ART. 8.

Le caissier payeur central a la faculté de déléguer sa signature, suivant les besoins du service, à ses collaborateurs des différents grades. Ces délégations sont accréditées auprès des correspondants du Trésor par le directeur du mouvement général des fonds.

ART. 9.

Le caissier payeur central est en rapport direct avec le Ministre; néanmoins il ne doit prendre l'initiative sur aucune mesure concernant l'administration, la comptabilité et le personnel qu'en proposant d'en renvoyer l'examen à la direction compétente, laquelle donne son avis et prend les ordres du Ministre.

ART. 10.

Le caissier payeur central est seul comptable, vis-à-vis de la Cour des comptes, des recettes, dépenses et mouvements de valeurs effectués, tant en numéraire qu'en portefeuille, par les différents services placés sous ses ordres.

ART. 11.

Ce comptable est assujetti à un cautionnement en numéraire de trois cent mille francs.

En raison de l'importance de ses opérations et des chances de perte qu'il peut encourir, il lui est alloué, indépendamment du traitement fixe, une indemnité dont le montant est réglé tous les cinq ans.

ART. 12.

Cette indemnité, ainsi que le salaire des auxiliaires, est imputée à l'article 3 du chapitre du personnel de l'administration centrale.

ART. 13.

Les agents de comptoirs sont assujettis, au moment de leur nomination, au dépôt préalable d'un cautionnement en rentes 3 p. o/o de deux cents francs.

SERVICE DU CONTRÔLE CENTRAL DU TRÉSOR.

DISPOSITIONS GÉNÉRALES.

ARTICLE PREMIER.

Le contrôle établi au Trésor, en vertu de la loi du 24 avril 1833, s'exerce, à Paris, auprès de la caisse centrale et auprès de la direction de la dette inscrite.

ART. 2.

Il a pour attributions, en ce qui concerne la caisse centrale :

1° De prévenir toute dissimulation de recette, toute fausse déclaration de dépense ;

2° De veiller à la conservation des encaisses du Trésor ;

En ce qui concerne la dette inscrite :

De reconnaître et de constater que tout certificat d'inscription sur les livres de la dette publique, rentes, pensions, cautionnements, etc. résulte soit de la concession d'un droit à cette inscription, soit de l'échange d'un titre équivalent, préalablement frappé d'annulation.

Enfin, le contrôle donne aux effets publics, par son visa, le caractère d'authenticité qui leur est nécessaire pour former titre contre le Trésor.

ART. 3.

Le contrôle constate, au moment même où ils se produisent,

les faits matériels à la charge ou à la décharge du Trésor, ainsi que la production des titres de payement.

Il s'abstient de toute appréciation de nature à déplacer la responsabilité.

Les divers services doivent fournir au contrôle toutes les informations nécessaires à son action.

ART. 4.

Le contrôle forme une division spéciale et indépendante.

Un agent supérieur, nommé par décret, et ayant le titre de contrôleur central du Trésor, exerce l'action du contrôle par des agents délégués auprès de chacun des services soumis à sa surveillance.

Le contrôleur central reconnaît chaque jour les soldes en numéraire au Trésor. Il veille à la conservation de ces soldes et à celle des valeurs au porteur.

A cet effet, il reste dépositaire d'une clef de chacune des caisses à deux serrures où ces soldes et valeurs sont renfermés.

Il est également gardien d'un timbre sec à apposer sur les valeurs du Trésor.

Chaque soir, une situation, destinée à constater l'accord des écritures tenues contradictoirement par la caisse et par le contrôle, est remise au Ministre par le contrôleur central, qui lui rend compte directement des faits de service de nature à appeler son attention.

DISPOSITIONS SPÉCIALES AU SERVICE DE LA CAISSE CENTRALE.

ART. 5.

Les dispositions réglementaires des 20 mai et 24 juin 1832, relatives au contrôle des services, alors distincts, du caissier et du payeur central, sont remplacées par les prescriptions ci-après, applicables à la double fonction dont le caissier payeur central est aujourd'hui chargé.

NUMÉRAIRE.

Recettes effectives.

ART. 6.

Lorsque le versement est fait directement au Trésor, le contrôleur en enregistre le montant sur une feuille journalière, d'après la déclaration de la partie versante.

Après avoir constaté, par son visa, le versement fait au comptoir, en numéraire ou en billets, il vise aussi le récépissé libératoire ou bien la valeur créée, si le versement a pour objet l'émission d'un bon ou d'un mandat.

Dans tous les cas, il en détache et retient le talon dont la conservation appartient au bureau des écritures.

Si le versement est fait en un mandat sur la Banque, le contrôleur suspend le visa et la remise à la partie versante du récépissé ou de la valeur jusqu'à ce que la Banque en ait donné crédit.

Pour les versements ou envois faits à la Banque, au crédit du Trésor, le contrôleur enregistre la recette au vu du carnet

Recette
contre récépissés
et émissions
de valeurs.

7

de la Banque, délivre immédiatement le récépissé, et retient le talon, ainsi qu'il est dit ci-dessus.

Un résumé des recettes en numéraire par compte et par nature d'opération, arrêté contradictoirement en fin de journée, est remis chaque soir au contrôleur central.

Dépenses effectives en numéraire. — Payements ordonnancés.

ART. 7.

Services généraux des ministères et services spéciaux.

Au vu de l'extrait d'ordonnance ou du mandat, après avoir constaté que ces pièces sont revêtues d'un acquit, et qu'il n'a pas été formé opposition au payement, le contrôleur enregistre la dépense avec distinction de l'exercice auquel elle appartient.

Il vise le bon de caisse tiré sur le comptoir après s'être assuré qu'il est égal au montant de l'extrait d'ordonnance ou du mandat et frappe ces dernières pièces d'un timbre destiné à en prévenir le double emploi (1).

ART. 8.

Si le payement doit avoir lieu sur un extrait d'ordonnance collective, le contrôleur dresse, s'il y a lieu, un relevé des sommes dues aux parties dont la quittance n'est pas représentée, pour suivre ultérieurement le payement de ces sommes par émargement, et il frappe la pièce de dépense de son timbre, comme il est prescrit à l'article précédent.

---

(1) L'apposition de ce timbre sur les pièces de dépense et la présence constante du contrôle fournissent une garantie qui a paru suffisante pour dispenser le caissier payeur central de l'obligation de remettre ces pièces à la comptabilité publique.

ART. 9.

Pour les services régis par économie et donnant lieu à des avances, le contrôleur prend note de l'avance pour provoquer au besoin la production des justifications prescrites dans les délais fixés par les règlements.

ART. 10.

Au vu d'un titre de la dette viagère accompagné d'un certificat de vie et d'un acquit de la partie prenante, le contrôleur en enregistre le montant par trimestre, vise le bon de caisse tiré sur le comptoir, après en avoir vérifié le montant, et frappe le titre d'un timbre indicatif du payement (1).

Payement des pensions, rentes viagères, dotations, etc. etc.

ART. 11.

Le contrôleur au payement des rentes nominatives reconnaît le droit du rentier au vu des extraits d'inscription.

Rentes nominatives.

Les arrérages dus sont indiqués par la date de jouissance portée au titre même, ou par le timbre du dernier payement.

Il en enregistre le montant par trimestre, fait un total des sommes à payer par partie prenante, rapproche ce total de la somme portée sur le bon de caisse préalablement acquitté, le vise et remet les inscriptions à la partie après les avoir frappées de son timbre de payement.

---

(1) En cas de perte successive du titre et du duplicata de ce titre, il n'en est pas délivré d'autre expédition; le payement est effectué sur le simple certificat de vie du titulaire en vertu d'un état spécial dressé par la dette inscrite et visé au contrôle. (Décision du 8 octobre 1823.)

ART. 12.

Sont assimilés, pour l'exercice du contrôle, aux titres eux-mêmes :

1° Les quittances transmises par les trésoriers payeurs généraux, représentant des arrérages de rentes payables à Paris, et dont le payement est demandé dans un département ;

2° Les bordereaux d'annuel visés au contrôle, et suppléant les titres de rentes déposés pour cautionnements ;

3° Les certificats de dépôt de procuration également visés au contrôle ;

4° Les talons de quittances visées à la dette inscrite et au deuxième bureau du contrôle central.

ART. 13.

Rentes à coupons.

Le contrôleur vérifie et compte les coupons des rentes mixtes et au porteur, s'assure qu'ils sont échus et non périmés, les frappe de son timbre, enregistre le payement par partie prenante, et vise le bon de caisse.

Il tient un enregistrement des coupons payés par échéance et par exercice.

ART. 14.

Rentes déposées avant l'échéance.

Le contrôle constate les déclarations de dépôt, suit les opérations préparatoires au payement, concourt à la conservation des titres, par la fermeture d'une caisse à double clef, et les rend au public au moment du payement, lequel s'opère d'ailleurs conformément aux règles déjà indiquées.

ART. 15.

Dépenses de trésorerie.

Le contrôleur de la caisse des payements relatifs au service de trésorerie prend communication des pièces de dépense, revêtues de l'acquit des parties prenantes et s'assure, s'il y a lieu, que les valeurs à terme sont arrivées à leur échéance.

Ces vérifications faites, il enregistre le payement par nature de dépense, s'assure de la conformité du bon de caisse émis sur le comptoir, et y appose son visa.

Pour les envois de fonds, le contrôleur vise les procès-verbaux et reçoit la preuve de la remise faite aux agents chargés des transports.

ART. 16.

Toute pièce émanant de la caisse centrale et destinée à tenir lieu de justification de dépense est, préalablement au payement, soumise au visa du contrôleur central.

ART. 17.

Le contrôleur prend note des retenues auxquelles donnent lieu certaines dépenses du budget et du service de trésorerie.

Il suit les applications qui en sont faites à leur destination respective.

Prescriptions communes aux dépenses diverses en numéraire.

ART. 18.

Les enregistrements effectués par les contrôleurs sont, à la fin de chaque séance, récapitulés par nature d'opération et par exercice. Le contrôleur, après avoir assuré l'accord contradictoire avec le payeur et le comptoir spécial, signe son résumé et le remet au contrôleur central.

Les feuilles qui constatent le payement des rentes nominatives ne sortent du contrôle central que pour être envoyées directement à la Cour des comptes.

ART. 19.

Comptoir central.

Tous les matins le contrôleur central, dépositaire de la double clef, concourt à l'ouverture de la caisse principale du Trésor. Il constate la sortie des sommes réclamées par le caissier central pour le service de la journée, et il en prend note.

Après une première distribution aux divers comptoirs de dépense, faite en présence du contrôleur placé dans l'intérieur même du comptoir central, le reste des billets extraits de la caisse principale est déposé dans une armoire à deux clefs, placée dans le comptoir même, et qui représente la caisse du service journalier.

L'une des deux clefs reste pendant la séance entre les mains du contrôleur délégué, qui se déplace pour ouvrir cette dernière caisse aussi souvent que le service l'exige.

Tous les mouvements de caisse se trouvent ainsi vérifiés par le contrôleur du comptoir. En fin de journée, il en forme un résumé qui, rapproché des constatations faites par les contrôleurs délégués près des caisses de recettes et de dépenses, devient pour le contrôleur central la base de la vérification du solde en numéraire.

Le contrôleur du comptoir central prend note des mandats délivrés sur la Banque, y appose son visa après celui de la direction du mouvement général des fonds, et en remet chaque jour un relevé à la même direction.

PORTEFEUILLE.

Entrées effectives.

ART. 20.

Valeurs actives

Le contrôleur délégué au portefeuille n'a jamais à sa disposition les effets qui ne doivent pas sortir des mains des agents responsables. A défaut de la communication de la valeur, il y est suppléé ainsi qu'il suit.

ART. 21.

Chaque jour le contrôleur reçoit du caissier central les lettres d'envoi qui accompagnent les valeurs, et les enregistre par nature et par compte créditeur; il dresse une situation résumant les effets entrés à la caisse centrale par voie de remise ou de correspondance et de dépôt et s'assure de l'accord de ses résultats avec ceux que le chef du portefeuille a obtenus par la réception des valeurs mêmes.

Le même jour les avis d'envois de valeurs adressés par les comptables sous le couvert de la direction du mouvement général des fonds sont communiqués au contrôleur, qui les rapproche de l'enregistrement qu'il a fait le matin, et obtient ainsi la certitude que tous les effets expédiés sont entrés en portefeuille.

Il vise les récépissés après les avoir vérifiés et en détache les talons.

ART. 22.

Pour les valeurs à terme le contrôleur reçoit en outre communication des bordereaux; il en fait le dépouillement et développe par échéance tous les effets dont il a déjà constaté l'entrée. Les résultats de ce dépouillement sont rapprochés de ceux qui ont été constatés au portefeuille sur les valeurs elles-mêmes.

Après l'accord établi, le contrôleur inscrit le montant de chaque échéance sur des carnets disposés par nature de valeurs et par journées d'échéance. Ces *carnets d'échéances* deviennent le principal élément de contrôle pour vérifier la sortie des valeurs à terme.

Sorties effectives.

ART. 23.

Valeurs actives. Lorsque ces valeurs doivent sortir par correspondance, le contrôleur reçoit communication, la veille, de la feuille de sortie dressée par la caisse centrale et portant l'indication des effets arrivés au terme de leur échéance et de ceux qui sont renvoyés dans un département comme irréguliers.

Au moyen de ses carnets, le contrôleur s'assure que les échéances sont entièrement épuisées.

Toute sortie d'effets avant l'échéance doit être autorisée par le directeur du mouvement général des fonds.

ART. 24.

Si la sortie s'effectue par voie d'annulation, le contrôleur procède comme pour une dépense de trésorerie ; il frappe la valeur du timbre *annulé au contrôle* et enregistre la sortie.

ART. 25.

La sortie des valeurs n'ayant pas d'échéance est l'objet d'une simple constatation de la part du contrôle, qui, après avoir enregistré la feuille de sortie dont il a vérifié la veille tous les articles, prend également note des effets annulés, et dresse, contradictoirement avec le chef du portefeuille, une situation des sorties effectuées.

CONVERSIONS DE VALEURS.

ART. 26.

Lorsque le caissier central échange du numéraire contre du papier, le contrôle s'exerce, par exception, au vu de la valeur elle-même. Le contrôleur l'enregistre, la frappe d'un timbre spécial, et *signe le bon à payer*. D'après le visa de son collègue du portefeuille, le contrôleur près le comptoir central vise à son tour la sortie des fonds et en charge d'office la dépense du comptoir central.

Conversions de valeurs de numéraire en valeurs de portefeuille.

ART. 27.

Les valeurs payables à Paris étant recouvrées par l'intermédiaire de la Banque ou par le caissier central lui-même, le contrôleur du portefeuille doit, comme il a été dit plus haut pour les effets sur les départements, s'assurer du complet épuisement des échéances. En même temps le contrôleur du comptoir central veille à la rentrée des fonds. Cette double action du contrôle est réglée comme il suit.

Conversions de valeurs de portefeuille en numéraire.

ART. 28.

Le contrôleur du portefeuille reçoit chaque jour en communication la feuille constatant la remise des valeurs à la Banque, préparée par la caisse centrale; il la vérifie d'après ses carnets d'échéances, la vise et la transmet directement à son collègue du comptoir central, qui en charge le caissier central en recette numéraire, et s'assure le soir que le carnet de la Banque donne au Trésor un crédit équivalent à la somme des effets sortis.

Conversions par la Banque.

ART. 29.

Conversions
par la Caisse.

Au moyen des différents reçus visés par le caissier central pour les effets dont il opère le recouvrement, le contrôleur près le comptoir central charge en recette le solde numéraire, ét envoie à son collègue du portefeuille la situation des effets recouvrés; celui-ci constate que l'échéance du jour est soldée et enregistre la sortie.

ART. 30.

Vérification
du mouvement
des fonds.

La direction du mouvement général des fonds, chargée de veiller à la conservation des valeurs, se sert des écritures du contrôle pour procéder à ses vérifications.

Le contrôleur central peut, quand il le juge à propos, provoquer ces vérifications, et au besoin indiquer les points sur lesquels elles doivent porter.

Valeurs inactives en dépôt.

ART. 31.

Entrée.

Le contrôleur vérifie l'entrée au vu de la valeur même, en fait l'enregistrement, et vise le récépissé dont il détache le talon.

ART. 32.

Sortie.

Les valeurs inactives en dépôt ne sortent qu'en vertu d'une décision du Ministre ou sur une autorisation émanée de l'une des directions compétentes.

Le contrôleur constate la sortie au vu des ampliations de ces décisions. Il frappe le récépissé de dépôt du timbre *annulé au contrôle* et enregistre les pièces justificatives de sortie.

ART. 33.

Les valeurs au porteur déposées au portefeuille à quelque titre que ce soit sont placées dans une armoire à deux clefs, dont l'une reste entre les mains du contrôleur central, qui constate en tout temps le solde matériel de ces valeurs par des vérifications contradictoires.

Les rentes au porteur expédiées par le caissier central sont vérifiées par le contrôleur et mises sous enveloppe en sa présence. Il y appose le cachet du contrôle; il vise en outre la feuille de chargement et en examine le reçu de la poste.

Valeurs au porteur.

ART. 34.

Les entrées et les sorties des valeurs inactives sont chaque jour arrêtées contradictoirement par le contrôle et par la caisse.

ART. 35.

Pour tous les mouvements du portefeuille, il est tenu au contrôle des carnets où sont enregistrées chaque jour l'entrée et la sortie de chaque valeur.

Dispositions communes aux valeurs actives et inactives.

Écritures et comptes tenus au contrôle central.

ART. 36.

Il est tenu au contrôle central un journal et un sommier où sont décrites les opérations de chaque jour.

Le *journal* comprend :

1° Les soldes de la veille;
2° Les opérations en recette;
3° Les opérations en dépense;

Journal.

· 4° Les soldes à nouveau, mis sous la double clef, après la vérification du contrôleur central.

Le journal sert à vérifier les demandes d'autorisations de dépenses effectuées que la caisse adresse chaque jour à la direction du mouvement général des fonds.

Sommier.

Le *sommier* présente par compte, et d'après la nomenclature du compte général des finances, les opérations décrites au journal.

Il sert de base au visa que le contrôle est appelé à apposer sur les comptes du caissier central avant leur production à la Cour des comptes.

Il donne le moyen de vérifier la comptabilité des talons de recettes à remettre à cette Cour.

Enfin, il permet à la commission de vérification des comptes des ministres de rapprocher du compte général des finances les écritures du contrôle.

ART. 37.

Enregistrement des arrérages de rentes.

Le contrôle central suit *pendant la période quinquennale*, à l'aide d'un enregistrement analytique et par trimestre, les payements d'arrérages de rentes payables à Paris, afin de constater les restes à transporter à l'exercice clos ou à annuler. Il vise, de conformité avec ses écritures et avant leur remise à la dette inscrite, les états de restes à payer atteints par la prescription.

Pour l'exécution de la précédente disposition, le contrôle reçoit directement de la dette inscrite les états d'arrérages destinés à la caisse centrale et tous les relevés modificatifs de ces états.

ART. 38.

Il est chargé de suivre le mouvement des effets à payer et de tenir un compte des opérations du Trésor avec la Banque.

Il se met d'accord aussi chaque jour, contradictoirement avec la caisse centrale, sur le solde des valeurs de toute nature composant l'actif du Trésor.

Mouvement des effets à payer, compte de la Banque et solde des valeurs de toute nature.

ART. 39.

Le contrôle tient un compte des formules destinées à l'émission des valeurs du Trésor qu'il a frappées de son timbre sec.

Compte des formules.

ART. 40.

Il enregistre, pour en suivre l'exécution, les décisions du Ministre notifiées par le secrétariat général, ainsi que les autorisations émanées des directions compétentes.

Décisions du Ministre et notes.

ART. 41.

Si, pendant le cours des diverses opérations soumises à la surveillance du contrôle, une ou plusieurs des conditions auxquelles est subordonné son visa ne se trouvent pas remplies, le contrôleur délégué s'abstient de viser et en réfère immédiatement au contrôleur central.

Personnel auxiliaire du contrôle.

ART. 42.

Dans les moments où le service l'exige, il est fourni au contrôle, par la direction du personnel, le nombre d'employés nécessaires, et, à défaut, le contrôle peut prendre des employés à l'extérieur.

DISPOSITIONS SPÉCIALES AU SERVICE DE LA DETTE INSCRITE.

ART. 43.

Exposé.

Le contrôle de la dette inscrite vise, en vertu de la loi du 24 avril 1833, tous les titres émis par la direction de la dette inscrite et, en exécution du décret du 14 décembre 1853, les certificats de privilége de second ordre délivrés aux bailleurs de fonds de cautionnements par le conservateur des oppositions.

ART. 44.

Justifications.

Chaque visa doit être justifié :

Soit par l'annulation d'un titre ancien correspondant (transferts et mutations);

Soit par une décision du Ministre autorisant la remise en vigueur d'un droit suspendu (rétablissements de rentes non réclamées et de pensions présumées éteintes et remplacements de titres perdus);

Enfin, pour la création de nouveaux titres, le visa du contrôle s'appuie sur le texte de la loi et sur la preuve de l'accomplissement des conditions qu'elle détermine.

ART. 45.

Transferts de rentes.

Les transferts de rentes, attendu l'urgence, sont communiqués au contrôle tous les jours après la fermeture de la Bourse. Après un premier examen et l'annulation des titres, ils sont remis à l'agent comptable du grand-livre. Des contrôleurs se transportent le lendemain matin à la Bourse, dans les bureaux de l'agent comptable des transferts, pour viser les titres nouveaux équivalents expédiés dans la soirée précédente par la dette inscrite, de manière que ces titres puissent être remis aux agents de change et au public à dix heures.

ART. 46.

La signature des rentes au porteur et mixtes n'est donnée qu'au moment de leur délivrance aux parties.

Le contrôleur ne signe pas les coupons d'arrérages adhérents au titre, mais il veille à ce que le timbre sec n'y soit mis qu'en sa présence, et, à cet effet, il en garde la clef ; il conserve également une de celles de la caisse renfermant le solde des valeurs, dont il doit faire chaque soir la vérification, contradictoirement avec l'agent comptable des transferts.

Émissions des rentes au porteur et mixtes.

ART. 47.

Les coupons d'arrérages spéciaux délivrés par l'agent comptable du grand-livre, lorsque le renouvellement après épuisement des coupons adhérents n'a pas été fait en temps utile, sont visés après vérification sur la présentation du titre.

Coupons d'arrérages spéciaux.

ART. 48.

Les dépôts de rentes au porteur ou mixtes faits en vue d'échange ou de transfert, donnent lieu à la délivrance d'un récépissé qui doit être visé au contrôle, après l'annulation préalable des titres.

Annulations des rentes au porteur et mixtes.

ART. 49.

Les certificats de dépôt de procurations, destinés seulement à toucher les arrérages, sont visés sur vérification de l'imma-

Procurations.

tricule au grand-livre faite par un contrôleur accrédité à cet effet auprès de l'agent comptable.

ART. 50.

Quittances visées.

Les quittances visées pour tenir lieu de l'inscription, au moment du payement des arrérages, sont vérifiées sur la présentation des titres, au dos desquels le contrôleur appose son timbre de payement.

ART. 51.

Mutations de rentes perpétuelles et viagères.

Les règles ci-dessus s'appliquent (sauf pour les opérations qui exigent la rapidité de l'exécution et le transport personnel des agents à la Bourse) aux mutations de rentes perpétuelles et viagères, aux conversions de certificats provisoires d'emprunts en titres de rentes et à toutes les opérations qui n'ont pas été spécialement décrites. L'accroissement pour les rentes de la vieillesse est justifié par les bordereaux de liquidation de la Caisse des dépôts et consignations.

ART. 52.

Situation journalière.

Le bureau du grand-livre remet tous les jours au contrôle une situation des opérations de la journée. La concordance de cette situation avec le résultat des écritures tenues au contrôle prouve que toutes les opérations lui ont été soumises et fournit l'élément du résumé que le contrôleur central remet chaque soir au Ministre.

ART. 53.

Pensions.

Les titres de pension sont visés suivant les règles fixées à

l'article 44, en vertu de décrets insérés au Bulletin des lois,
de décisions ministérielles, d'anciens titres avec p èces à
l'appui.

Les duplicata ne sont visés qu'après rapprochement avec
les registres du contrôle.

ART. 54.

Les justifications pour le visa des cautionnements sont les
bordereaux de versement, complétés par les récépissés des
comptables et les anciens titres, s'il y avait déjà un cautionnement; il faut encore, dans les cas de mutation d'emploi à
résidence fixe, un extrait de la décision du Ministre autorisant
l'application.

Dans le cas de non-admission par le bureau des cautionnements de tout ou partie d'un versement effectué, il est
remis au contrôle un duplicata de l'avis de rejet adressé au
trésorier général, duplicata préalablement visé par la direction
générale de la comptabilité publique.

Pour les remboursements, le visa du contrôle s'opère au
vu de la décision qui les autorise, appuyée des certificats
d'inscription.

En cas d'impossibilité de les produire, il y est suppléé par
une attestation spéciale délivrée par le chef du bureau des
cautionnements.

Les annulations d'ordonnances de payement sont justifiées
par un duplicata de l'avis adressé à la direction du mouvement des fonds et visé par cette direction.

ART. 55.

Les certificats de privilége de second ordre ne sont visés

8

114   RÈGLEMENTS ORGANIQUES.

qu'après que le contrôle a reconnu et constaté sur ses livres
l'existence des cautionnements.

En cas de changement d'emploi ou de mutation de propriété du bailleur de fonds, les anciens titres sont annulés.

ART. 56.

Certificats de sommes dues. Les livres de cautionnements tenus au contrôle viennent
encore à l'appui du visa à donner aux certificats de sommes
dues délivrés en vertu de l'article 169 du Code de procédure
civile.

ART. 57.

États annuels. Il est fait à la fin de chaque année, d'après les registres tenus
au contrôle, un état spécial des opérations de chaque service
de la dette inscrite. Des expéditions de ces états sont remises
à la commission de vérification des comptes des ministres, et
leur concordance avec les résultats publiés annuellement par
la dette inscrite donne la certitude qu'aucun des faits que la
loi soumet au visa du contrôle n'a pu lui échapper.

ABROGATION DES DISPOSITIONS ANTÉRIEURES.

———

Toutes les dispositions contraires au présent règlement
sont et demeurent abrogées.

Fait à Paris, le 16 décembre 1869.

P. MAGNE.

ANNEXES.

ARRÊTÉ.

AU NOM DE L'EMPEREUR,

Le Ministre Secrétaire d'État au département des Finances,

Vu l'arrêté du 22 février 1832 qui a chargé une commission spéciale d'examiner les moyens d'exécution et de contrôle employés par les différents services du ministère des finances, et de proposer au Ministre un règlement applicable à chacun d'eux;

Vu les arrêtés des 20 mai, 24 juin, 25 juillet, 9 octobre et 1er décembre 1832, pris, sur les conclusions de ladite commission, relativement aux services du caissier central, du payeur central, du contrôleur central, de l'agent judiciaire du Trésor, de la dette inscrite, du mouvement général des fonds et de la comptabilité générale des finances;

Considérant que les services dont il s'agit ont subi, depuis lors, des modifications qui appellent une réglementation nouvelle;

Sur le rapport du directeur général de la comptabilité publique,

Arrête :

ARTICLE PREMIER.

Il sera formé une commission spéciale à l'effet de reviser

les règlements relatifs aux services intérieurs du ministère des finances.

ART. 2.

Cette commission nous rendra compte des résultats de son travail par un rapport qui indiquera les modifications, compléments et améliorations qu'il y aurait lieu d'apporter aux règlements antérieurs pour les mettre en harmonie avec les conditions actuelles des divers services.

ART. 3.

Sont nommés membres de la commission créée par le présent arrêté :

MM. le marquis D'AUDIFFRET, sénateur, *président*;

GOUSSARD, conseiller d'État;

RIHOUET, président de chambre à la Cour des comptes;

BAILLY, inspecteur général des finances;

DE ROUSSY, directeur général de la comptabilité publique;

DUTILLEUL, directeur du mouvement général des fonds;

DE GOUTTES, directeur de la dette inscrite;

THOMAS, caissier payeur central;

LABEYRIE, chef de la division du contentieux, agent judiciaire du Trésor;

TOURNUS, contrôleur central du Trésor;

FAVROT, sous-directeur au secrétariat général, *secrétaire*.

La commission pourra requérir et s'adjoindre les personnes de notre ministère qu'elle jugera convenable de consulter ou d'appeler pour concourir à son travail.

ART. 4.

Le présent arrêté sera déposé au secrétariat général et notifié tant aux membres de la commission qu'aux diverses directions du ministère.

Fait à Paris, le 30 décembre 1868.

Signé P. MAGNE.

EXTRAIT DU RAPPORT

*A M. le Ministre Secrétaire d'État des Finances sur la situation
des travaux de deux Commissions chargées, par l'arrêté du
19 novembre 1858 et par celui du 30 décembre 1868, de la
révision des règlements de la comptabilité publique et de l'organisation administrative des services intérieurs du ministère des
finances.*

MONSIEUR LE MINISTRE,

. . . .

. . . .

Enfin, vous m'avez chargé, par votre décision du 30 décembre 1868, d'accomplir, avec le concours des chefs prin-
cipaux du ministère des finances, la mission que j'avais une
première fois remplie en 1832, de reviser l'organisation des
différents services des finances. Cette tâche importante, qui
était commandée par la nécessité de profiter des améliorations et des simplifications que l'expérience avait successivement conseillées, depuis la première réforme de 1832, au
zèle des différents administrateurs, vient de se terminer, après
six mois d'études et de discussions approfondies, de manière
à faciliter et à régulariser le jeu des ressorts du grand méca-
nisme de l'administration centrale des finances.

Je crois donc devoir proposer à Votre Excellence d'ac-
corder son approbation aux six projets d'arrêtés ci-joints, qui
sont destinés à réaliser ces perfectionnements et à déterminer

Révision
de
l'organisation
de
six divisions
spéciales
du
ministère
des finances.

avec précision les attributions des divisions spéciales de son ministère ci-après désignées, savoir :

Direction générale de la comptabilité publique;
Direction du mouvement général des fonds;
Direction de la dette inscrite;
Service du contentieux et de l'agent judiciaire du Trésor;
Service du caissier payeur central du Trésor;
Service du contrôle central.

Je la prie en même temps de vouloir bien soumettre à la sanction de l'Empereur le projet de décret ci-joint, qui a pour objet de consacrer définitivement les dispositions réglementaires contenues dans ces arrêtés ministériels.

Conclusion.   Après l'accomplissement de ces mesures prévoyantes de perfectionnement et de simplification, qui feront régner plus que jamais le bon ordre et la clarté dans l'exécution de tous les services, Votre Excellence, habilement secondée par l'expérience de deux commissions administratives, aura puissamment fortifié les précieuses garanties que notre administration financière et notre comptabilité française assurent à la gestion régulière des deniers publics, ainsi qu'au libre et entier exercice du contrôle de la législature et de l'opinion nationale sur tous les actes qui engagent la responsabilité du Gouvernement.

J'ai l'honneur d'être, avec une très-haute considération,

Monsieur le Ministre,

Votre très-humble et très-obéissant serviteur,

Marquis G. D'AUDIFFRET.

Paris, le 15 décembre 1869.